Le Code Quantique de l'Esprit
Un Voyage Entre Particules et Perception

Kai Lian

Titre original :
The Quantum Code of the Spirit - A Journey Between Particles and Perception
Copyright © 2025, publié par Luiz Antonio dos Santos ME.
Ce livre est un ouvrage de non-fiction qui explore la convergence entre la physique quantique et la sagesse spirituelle. À travers une approche holistique, l'auteur propose une vision intégrative de la conscience, de la réalité et de l'énergie, offrant des outils pratiques pour l'éveil personnel et collectif.

1ère édition
Équipe de production
Auteur : Kai Lian
Éditeur : Luiz Santos
Couverture : Studios Booklas / Élodie Mavren
Consultant : Théo Caillemont
Chercheurs : Maël Durey / Noa Vissot / Livia Argen
Mise en page : Elric Moneval
Traduction : Yseult Dramon

Publication et identification
Le Code Quantique de l'Esprit
Booklas Publishing, 2025
Catégories : Développement personnel / Spiritualité / Physique Quantique
DDC : 128 — Conscience et Esprit
CDU : 1.3 — Métaphysique et Interprétation de la Réalité

Tous droits réservés à :
Luiz Antonio dos Santos ME / Booklas Publishing
Aucune partie de ce livre ne peut être reproduite, stockée dans un système de récupération ou transmise par quelque moyen que ce soit — électronique, mécanique, photocopie, enregistrement ou autre — sans l'autorisation préalable et expresse du détenteur des droits d'auteur.

Sommaire

Index Systématique 5
Prologue 10
Chapitre 1 Énergie Universelle 14
Chapitre 2 Nature de la Conscience 23
Chapitre 3 Nature de la Réalité 31
Chapitre 4 Matière et Esprit 39
Chapitre 5 Révolution Quantique 47
Chapitre 6 Dualité Onde-Particule 54
Chapitre 7 Incertitude Quantique 61
Chapitre 8 L'Observateur 67
Chapitre 9 Effondrement de l'Onde 74
Chapitre 10 Non-Localité 80
Chapitre 11 Intrication Quantique 87
Chapitre 12 Unité Cosmique 93
Chapitre 13 Champ Unifié 99
Chapitre 14 Champs Morphogénétiques 105
Chapitre 15 Conscience Collective 111
Chapitre 16 Esprit Non Local 118
Chapitre 17 Au-delà de l'Espace-Temps 125
Chapitre 18 Multidimensionnalité 131
Chapitre 19 Univers Holographique 138
Chapitre 20 Conscience Quantique 145
Chapitre 21 Conscience au-delà du Corps 152

Chapitre 22 Pouvoir de l'Intention	159
Chapitre 23 Manifestation	166
Chapitre 24 Guérison Quantique	173
Chapitre 25 Expansion de la Conscience	180
Chapitre 26 Synchronicité	188
Chapitre 27 Sagesse Ancienne	194
Chapitre 28 Convergence Actuelle	200
Chapitre 29 Applications Pratiques	206
Chapitre 30 Évolution de la Conscience	212
Chapitre 31 Dessein Cosmique	218
Chapitre 32 Éveil Quantique	225
Chapitre 33 Âme Quantique	231
Épilogue	237

Index Systématique

Chapitre 1: Énergie Universelle - Aborde le concept fondamental que tout est énergie, reliant la science moderne ($E=mc^2$) aux traditions spirituelles anciennes (Prana, Chi).

Chapitre 2: Nature de la Conscience - Explore le mystère de la conscience, comparant les vues scientifiques (basées sur le cerveau) aux perspectives spirituelles (âme/esprit comme fondamentaux).

Chapitre 3: Nature de la Réalité - Remet en question la réalité objective, considérant les limites de la perception, les implications quantiques et les concepts spirituels comme Maya.

Chapitre 4: Matière et Esprit - Traite la dichotomie historique matière-esprit, suggérant une vision unifiée basée sur la physique quantique (matière comme énergie) et les perspectives spirituelles.

Chapitre 5: Révolution Quantique - Décrit le passage historique de la physique classique à la mécanique quantique, soulignant les découvertes clés comme les quanta et le modèle de Bohr.

Chapitre 6: Dualité Onde-Particule - Explique le paradoxe quantique où les entités peuvent se comporter à la fois comme des ondes et des particules, illustré par l'expérience de la double fente.

Chapitre 7: Incertitude Quantique - Présente le Principe d'Incertitude d'Heisenberg, limitant la connaissance simultanée de certaines propriétés et défiant le déterminisme classique.

Chapitre 8: L'Observateur - Se concentre sur le rôle crucial de l'observateur en mécanique quantique, dont l'acte d'observation influence l'état du système observé.

Chapitre 9: Effondrement de l'Onde - Discute de l'effondrement de la fonction d'onde, le passage de la potentialité à l'actualité lors de la mesure, et le rôle possible de la conscience.

Chapitre 10: Non-Localité - Introduit la non-localité, où des événements distants peuvent être connectés instantanément, défiant les notions classiques d'espace et de causalité.

Chapitre 11: Intrication Quantique - Approfondit l'intrication quantique, où des particules liées partagent un destin unique et agissent comme un tout, même à distance.

Chapitre 12: Unité Cosmique - Synthétise les concepts quantiques et cosmologiques avec la sagesse spirituelle pour argumenter en faveur de l'unité fondamentale de l'univers.

Chapitre 13: Champ Unifié - Explore la quête scientifique d'une Théorie du Tout, la reliant à l'idée d'un champ fondamental (vide quantique, Champ Akashique) d'où émerge la réalité.

Chapitre 14: Champs Morphogénétiques - Présente la théorie de Rupert Sheldrake sur les champs morphiques comme organisateurs de la forme et du comportement dans la nature via la résonance morphique.

Chapitre 15: Conscience Collective - Aborde l'idée d'un esprit partagé, faisant référence à l'inconscient collectif de Jung, la Noosphère de Teilhard et le Projet Conscience Globale.

Chapitre 16: Esprit Non Local - Examine les preuves suggérant que l'esprit pourrait opérer au-delà du cerveau, en se référant aux phénomènes psi comme la télépathie et la vision à distance.

Chapitre 17: Au-delà de l'Espace-Temps - Enquête sur la possibilité que la conscience transcende le temps linéaire, considérant la précognition, la rétrocognition et les vues spirituelles de l'éternel présent.

Chapitre 18: Multidimensionnalité - Explore les théories physiques (Théorie des Cordes, Mondes Multiples) et les cosmologies spirituelles suggérant des dimensions ou réalités supplémentaires.

Chapitre 19: Univers Holographique - Introduit l'hypothèse que l'univers fonctionne comme un hologramme, où chaque partie contient l'information du tout, reliant physique et spiritualité.

Chapitre 20: Conscience Quantique - Se concentre sur les théories expliquant la conscience via la mécanique quantique, comme la théorie Orch OR ou l'idéalisme quantique.

Chapitre 21: Conscience au-delà du Corps - Adresse la survie de la conscience après la mort, examinant les Expériences de Mort Imminente (EMI) et les recherches sur la réincarnation.

Chapitre 22: Pouvoir de l'Intention - Discute du potentiel de l'intention focalisée à influencer la réalité physique, se référant aux recherches sur la psychokinésie et à l'effet placebo.

Chapitre 23: Manifestation - Explore le processus de création consciente de sa réalité par l'alignement des pensées et émotions, souvent lié à la Loi de l'Attraction.

Chapitre 24: Guérison Quantique - Présente une approche holistique de la guérison reconnaissant le rôle de la conscience et de l'énergie, incluant l'effet placebo et les thérapies énergétiques.

Chapitre 25: Expansion de la Conscience - Décrit les états élargis de conscience et les pratiques (méditation, expériences mystiques) qui permettent d'expérimenter des niveaux plus vastes de réalité.

Chapitre 26: Synchronicité - Explique le concept de Jung des coïncidences significatives comme des connexions acausales entre l'esprit et le monde, suggérant un ordre caché.

Chapitre 27: Sagesse Ancienne - Souligne les parallèles entre les découvertes quantiques modernes et la sagesse pérenne des traditions spirituelles et philosophiques anciennes.

Chapitre 28: Convergence Actuelle - Discute de la tendance contemporaine au dialogue et à l'intégration entre la science et la spiritualité, créant un nouveau paradigme potentiel.

Chapitre 29: Applications Pratiques - Offre des outils pour appliquer les concepts du livre dans la vie quotidienne, comme l'utilisation de l'intention, la gestion de l'énergie intérieure et l'empathie quantique.

Chapitre 30: Évolution de la Conscience - Présente l'idée que la conscience humaine évolue individuellement et collectivement vers une phase plus intégrative et holistique.

Chapitre 31: Dessein Cosmique - Explore la question du but de l'univers, considérant l'ajustement fin en physique et les perspectives spirituelles sur le cosmos comme expérience de la Conscience.

Chapitre 32: Éveil Quantique - Adresse le sentiment de vivre une époque de transformation collective de la conscience, catalysée par la convergence de la science et de la spiritualité.

Chapitre 33: Âme Quantique - Synthétise les thèmes du livre, définissant l'Âme Quantique comme une entité énergétique, consciente, interconnectée et évolutive, pont entre le physique et le spirituel.

Prologue

Vous êtes sur le point d'accéder à un voyage qui ne se contente pas d'informer — il transforme.

Ce que vous tenez entre les mains n'est pas un livre ordinaire. C'est un portail. Un lien entre le visible et l'invisible, entre ce que vous pensez être et ce que vous êtes réellement. Ici, vous ne trouverez pas seulement des pages reliées, mais des couches de sens, les pulsations d'une sagesse qui traverse les siècles, résonne dans les champs quantiques de la science moderne et fait écho dans le silence de l'âme éveillée.

Permettez-vous de franchir cette frontière.

Nous vivons une époque où la réalité semble figée, où la logique cartésienne tente d'emprisonner l'infini dans des formules fixes. Mais il y a un appel silencieux — profond, intime — qui émane de ce qui palpite au-delà de la matière, au-delà de l'esprit rationnel. Un appel qui ne s'éveille que dans les cœurs attentifs, les esprits curieux et les âmes assoiffées de vérité. Cet appel ne vient pas de l'extérieur. Il naît en vous. Et c'est précisément pourquoi ce livre a trouvé vos mains.

Tout est énergie. Tout vibre. Tout est connecté.

Ces affirmations ne sont pas poétiques, mais des constatations ancrées tant dans les principes de la physique quantique que dans les enseignements ancestraux des grandes traditions spirituelles. Ici, l'auteur ne spécule pas — il révèle. Il ne propose pas une croyance, mais invite à l'expérience directe. L'expérience de se percevoir non comme un être fragmenté, mais comme une partie active d'un champ de conscience qui interpénètre toute la réalité.

Vous sentez qu'il y a quelque chose de plus. Vous l'avez toujours senti.

L'inquiétude silencieuse face à la superficialité quotidienne, l'intuition que les événements ne sont pas aléatoires, l'impression que votre esprit influence la matière — tout cela n'est pas illusion. C'est le prélude d'un éveil. La lecture qui commence maintenant est une confirmation puissante que votre intuition avait raison depuis le début.

En feuilletant ces pages, vous découvrirez que vous n'êtes pas séparé de l'univers — vous êtes l'univers s'expérimentant lui-même sous forme humaine. L'énergie qui meut les galaxies est la même qui vibre dans vos pensées, vos émotions, votre respiration. La conscience qui observe est la même qui crée. Il n'y a pas de barrières entre le micro et le macro. Il n'y a pas de frontières entre science et spiritualité. Il y a unité. Il y a cohérence. Il y a sens.

Ce livre relie des points qui, pendant longtemps, ont été maintenus éloignés :
– Physique quantique et méditation.
– Champs d'énergie et états de conscience.
– Dualité onde-particule et l'âme humaine.

— L'observateur scientifique et l'observateur intérieur.

Cette fusion n'est pas forcée. Elle est naturelle. Elle est inévitable. Et, en la reconnaissant, vous percevrez que la réalité est beaucoup plus malléable, vivante et interactive qu'on ne vous l'a jamais enseigné.

Oui, votre esprit influence le monde.

Oui, vos émotions créent des vibrations qui façonnent les événements.

Oui, vous êtes un co-créateur de la réalité.

Ceci n'est pas une invitation à fuir le monde réel, mais à y plonger plus profondément. À la véritable participation. À la présence consciente. L'œuvre que vous vous apprêtez à explorer est une synthèse rare entre clarté scientifique et profondeur spirituelle. Il n'y a pas de dogmes ici. Il y a des révélations. Il n'y a pas de promesses vides. Il y a des cartes, des instruments, des directions. Chaque chapitre est une marche — ou plutôt, une fréquence — qui résonne avec votre propre évolution.

Vous le sentirez.

Vous ne comprendrez pas seulement avec l'intellect, mais avec tout votre être. Comme lorsqu'une musique touche quelque chose qu'aucune explication n'atteint. Comme lorsqu'un regard éveille des souvenirs qui ne sont pas de cette vie. La lecture sera moins un processus et plus une reconnaissance. Un rappel de qui vous êtes, de ce que vous avez toujours été et de ce que vous pouvez encore devenir.

Vous serez mis au défi, oui. Parce que ce qui est offert ici, c'est la liberté. Et la liberté exige du courage.

Le courage de questionner. De s'observer. De se reconstruire. Le courage d'abandonner des certitudes pour accéder à une vérité plus grande.

Ce livre est pour ceux qui pressentent que la réalité est plus qu'il n'y paraît.

Pour ceux qui sentent que la science n'a pas besoin de nier l'esprit.

Pour ceux qui savent, au fond, que l'âme pulse à une fréquence quantique.

Pour vous.

En entrant dans cet espace vibrationnel de connaissance, vous ne serez pas seulement en train de lire — vous serez lu. Chaque paragraphe fera écho à des niveaux de votre être que vous ne savez peut-être même pas nommer. Et, à la fin, vous ne serez plus le même.

Acceptez cette invitation non avec les yeux de la raison, mais avec l'entièreté de votre être.

Et souvenez-vous : l'univers répond toujours à l'intention.

La question n'est pas "Est-ce que c'est réel ?".

La question est : Êtes-vous prêt à vous souvenir ?
Luiz Santos
Éditeur

Chapitre 1
Énergie Universelle

Imaginez un instant l'univers dans son immensité inimaginable. Des galaxies tourbillonnent dans des danses cosmiques qui durent des milliards d'années, des étoiles naissent et meurent dans des explosions de lumière et de puissance, des planètes orbitent autour de soleils lointains, certaines abritant peut-être des formes de vie que nous ne pouvons même pas concevoir. Pensez maintenant à notre propre monde : des océans vibrants, des forêts luxuriantes, des montagnes imposantes sculptées par le temps. Regardez vos propres mains, sentez les battements dans votre poitrine, la respiration qui entre et sort. Tout cela, de la plus grande des galaxies à la plus petite cellule de votre corps, partage une vérité fondamentale, une essence commune qui imprègne chaque fibre de l'existence. Tout est énergie.

Cette affirmation peut sembler simple, presque banale, mais ses implications sont profondes, révolutionnaires. Elle constitue la clé pour dévoiler non seulement les mystères du cosmos, mais aussi les mystères de notre propre conscience, de notre âme.

Notre expérience quotidienne nous présente un monde d'objets solides, séparés les uns des autres. Nous sentons la solidité de la chaise sur laquelle nous sommes assis, la rigidité de la table où nous appuyons nos bras, la consistance du sol sous nos pieds. Nous nous percevons comme des entités physiques distinctes, limitées par notre peau. Cette perception, bien qu'utile pour notre survie et notre interaction quotidienne, est, à un niveau plus fondamental, une illusion sensorielle.

La science moderne, en particulier la physique du XXe siècle, nous a révélé une image radicalement différente de la matière. Lorsque nous examinons ce qui compose cette apparente solidité, nous trouvons des atomes. Pendant longtemps, nous avons imaginé les atomes comme de minuscules sphères massives, comme des boules de billard microscopiques. Cependant, des découvertes ultérieures ont montré une image surprenante. Un atome est, en réalité, presque entièrement constitué d'espace vide. Au centre réside un noyau minuscule, contenant des protons et des neutrons, et très loin de lui, des électrons orbitent à très grande vitesse. Si nous agrandissions un atome à la taille d'un stade de football, le noyau serait plus petit qu'un grain de sable au centre du terrain, et les électrons seraient des particules encore plus petites tournant dans les tribunes les plus hautes. Le reste ? Du vide. Un vide qui correspond à plus de 99,99% du volume total de l'atome.

Alors, qu'est-ce qui remplit ce vaste "vide" ? Qu'est-ce qui donne l'illusion de solidité au monde ? La réponse réside dans les champs d'énergie. L'espace à l'intérieur et autour des atomes n'est pas vraiment vide ; il pulse de champs de force électromagnétique et d'autres champs quantiques. Ce sont ces champs, interagissant les uns avec les autres, qui créent la sensation de résistance, de toucher, de substance. Les électrons, par exemple, ne sont pas seulement des particules, mais aussi des manifestations de champs énergétiques qui s'étendent dans l'espace. Leur mouvement rapide et les forces qu'ils exercent créent une sorte de barrière énergétique qui empêche un atome d'en traverser un autre facilement. Lorsque vous touchez un objet, vos électrons repoussent les électrons de l'objet. Vous ne touchez pas la "matière" solide au sens classique, mais interagissez plutôt avec des champs de force, avec des motifs vibratoires d'énergie. La solidité que nous percevons est le résultat macroscopique de ces interactions énergétiques à l'échelle microscopique.

Par conséquent, la chaise, la table, votre propre corps, tout ce qui semble dense et concret, est en réalité un arrangement complexe d'énergie vibrant à différentes fréquences, condensée en motifs stables que nos sens interprètent comme de la matière.

Cette compréhension a été propulsée au centre de la scène scientifique par Albert Einstein au début du XXe siècle, avec sa célèbre équation $E=mc^2$. Bien que souvent associée à l'énergie nucléaire, sa signification est beaucoup plus universelle et philosophique. L'équation établit une équivalence fondamentale entre l'énergie (E) et la masse (m), reliées par la vitesse de la lumière au carré (c^2), une constante cosmique de valeur immense. Cela signifie que la masse n'est pas quelque chose de séparé de l'énergie ; la masse *est* une forme d'énergie, une énergie hautement concentrée, figée sous forme de matière. Inversement, l'énergie peut se convertir en masse. Elles sont les deux faces d'une même pièce universelle. Toute matière dans l'univers, de la poussière d'étoiles à votre corps, est un réservoir colossal d'énergie primordiale. Un petit gramme de matière contient une quantité d'énergie équivalente à celle libérée par une grande explosion nucléaire. Cette interchangeabilité n'est pas seulement théorique ; elle se produit constamment dans la nature, comme à l'intérieur des étoiles, où la masse est convertie en lumière et chaleur, et dans les accélérateurs de particules, où l'énergie pure peut donner naissance à des particules de matière. La vision d'Einstein a dissous l'ancienne dichotomie entre le "matériel" et l'"énergétique", révélant un univers où tout est, à sa racine, énergie dynamique.

    Ce qui est fascinant, c'est que cette vision révolutionnaire de la science moderne trouve des échos profonds dans les traditions spirituelles et philosophiques qui ont fleuri des millénaires avant Einstein et la physique quantique. Les cultures anciennes, par l'introspection, la méditation et l'observation subtile de la nature, semblent avoir eu l'intuition de cette vérité fondamentale.

    Dans l'hindouisme, nous trouvons le concept de *Prana*. Le Prana n'est pas simplement la respiration, mais la force vitale universelle, l'énergie subtile qui anime tous les êtres vivants et remplit tout le cosmos. C'est l'énergie qui circule à travers des canaux subtils dans le corps (nadis) et se concentre dans des centres énergétiques (chakras), étant essentielle pour la santé physique, mentale et spirituelle. Des pratiques comme le

Yoga et le Pranayama (contrôle de la respiration) sont conçues pour harmoniser et augmenter le flux de Prana chez l'individu, le connectant à la source cosmique de cette énergie.

Dans la médecine traditionnelle chinoise et le taoïsme, nous trouvons un concept similaire appelé *Chi* (ou Qi). Le Chi est l'énergie vitale qui circule à travers tout dans l'univers. Dans le corps humain, elle circule par des méridiens, et son flux équilibré est considéré comme essentiel pour la santé. Des pratiques comme l'acupuncture, le Tai Chi Chuan et le Qigong visent justement à débloquer et harmoniser le flux du Chi, favorisant le bien-être et la longévité. Pour les taoïstes, l'univers lui-même est né du *Wu Ji* (le vide primordial, potentiel pur) se différenciant en Yin et Yang, deux polarités énergétiques dont l'interaction dynamique génère les "dix mille êtres", c'est-à-dire toute la manifestation. Le Chi est l'expression de cette dynamique énergétique fondamentale.

D'autres traditions parlent de concepts analogues : les Égyptiens parlaient de *Ka*, les Grecs de *Pneuma*, les kahunas hawaïens de *Mana*. De nombreuses traditions indigènes des Amériques parlent du Grand Esprit ou d'une force vitale qui imprègne les montagnes, les rivières, les plantes et les animaux. Dans divers courants mystiques occidentaux, nous trouvons l'idée de Lumière Divine, d'Éther ou d'Esprit Universel comme la substance primordiale de la création.

Ce que toutes ces visions partagent, c'est la perception d'une énergie invisible, mais réelle et fondamentale, qui soutient et anime le monde physique.

Elles décrivent une réalité où la matière dense émerge d'un substrat énergétique plus subtil, une force vitale qui relie toutes choses. Dieu, ou la Source Primordiale, dans beaucoup de ces visions, n'est pas seulement un créateur distant, mais l'énergie omniprésente elle-même qui constitue l'essence de tout ce qui existe. "Dieu est Lumière", "Dieu est Amour", sont des expressions qui, au-delà du sens moral, peuvent aussi indiquer cette nature énergétique et vibratoire de la divinité comme fondement de la réalité.

Maintenant, nous pouvons commencer à construire un pont entre ces deux grandes avenues de la connaissance humaine : la science moderne et la sagesse ancestrale. La physique nous dit que la matière est à 99,99% de l'espace vide rempli de champs d'énergie vibratoire et que la masse est de l'énergie condensée ($E=mc^2$). Les traditions spirituelles nous disent que le monde physique est une manifestation d'une énergie vitale universelle (Prana, Chi, Lumière Divine) et que la réalité apparente peut être une illusion (Maya, dans l'hindouisme) qui cache une unité énergétique sous-jacente. Ne semblent-elles pas parler d'aspects de la même vérité fondamentale, en utilisant des langages différents façonnés par leurs époques et méthodologies ?

La science décrit cette énergie en termes de champs, particules, fréquences et vibrations. La spiritualité la décrit en termes de force vitale, conscience, lumière et esprit. Peut-être que matière et esprit ne sont pas des entités opposées, mais plutôt différents états vibratoires de la même énergie universelle. La matière serait de l'énergie vibrant à des fréquences plus basses, plus denses, devenant perceptible par nos sens physiques. L'esprit, la conscience, la force vitale, seraient cette même énergie vibrant à des fréquences plus hautes, plus subtiles, généralement imperceptibles par nos instruments et sens communs, mais accessibles par l'intuition, la méditation, l'expérience intérieure.

Imaginez un spectre de vibrations. À une extrémité, nous avons l'énergie si dense qu'elle se manifeste comme la roche, le métal, la chair et les os. À mesure que la fréquence vibratoire augmente, cette énergie devient plus subtile : eau, air, son, lumière visible, ondes radio, rayons X, rayons gamma. Et au-delà ? Le spectre pourrait-il continuer vers des fréquences encore plus élevées, correspondant aux royaumes de la pensée, de l'émotion, de la conscience, de l'esprit ?

La physique quantique, avec ses découvertes sur la nature duelle onde-particule et l'interconnexion fondamentale, ouvre des portes pour considérer sérieusement cette possibilité. Elle nous force à abandonner la vision mécaniste d'un univers fait de pièces solides et séparées, et nous invite à embrasser une vision d'un univers comme un vaste océan d'énergie vibrante, un champ unifié où tout est interconnecté et en flux constant.

Comprendre que tout est énergie est la première étape fondamentale de notre voyage pour explorer l'"Âme Quantique". Cette compréhension dissout la barrière apparente entre le physique et le non-physique, entre science et spiritualité, entre esprit et matière. Elle nous fournit un nouveau lexique, une nouvelle façon de penser à nous-mêmes et à l'univers.

Quand nous parlons d'"élever notre vibration", de "nous accorder aux bonnes énergies" ou de "ressentir l'énergie d'un lieu ou d'une personne", peut-être n'utilisons-nous pas seulement des métaphores poétiques. Peut-être touchons-nous à une description littérale de la réalité sous-jacente. Si tout est énergie, et si l'énergie possède fréquence et vibration, alors nos pensées, nos émotions et notre état de conscience sont aussi des motifs énergétiques vibratoires. Et si la physique quantique nous montre que l'énergie peut être influencée par l'observation et l'intention, cela ouvre un éventail extraordinaire de possibilités sur la manière dont notre propre conscience peut interagir avec l'univers énergétique autour de nous et en nous.

Ce chapitre pose la pierre angulaire. Accepter la prémisse que l'univers est fondamentalement énergétique nous permet de commencer à explorer les questions les plus profondes : Qu'est-ce que la conscience dans ce contexte énergétique ? Comment émerge-t-elle ? Comment interagit-elle avec la matière ? Quelle est la vraie nature de la réalité que nous percevons ?

En unissant la précision du langage scientifique (énergie, fréquence, vibration, champs) à la profondeur de la sagesse spirituelle (Prana, Chi, force vitale, Lumière Divine), nous préparons le terrain pour une enquête fascinante sur la connexion intrinsèque entre notre âme et le tissu quantique du cosmos. Nous sommes sur le point d'embarquer dans une exploration qui peut transformer non seulement notre compréhension du monde, mais aussi notre expérience de vie, révélant notre potentiel inné en tant qu'êtres énergétiques co-créateurs de notre réalité. Le voyage commence maintenant, ancré dans cette vérité simple et puissante : tout est énergie.

Chapitre 2
Nature de la Conscience

Si tout dans l'univers, de la poussière cosmique à la complexité biologique, est fondamentalement de l'énergie sous différentes formes et vibrations, surgit alors la question la plus intime et peut-être la plus déconcertante de toutes : qu'est-ce que cette "chose" qui perçoit, qui ressent, qui expérimente toute cette énergie ? Que sommes-*nous* dans ce vaste océan énergétique ? En somme, qu'est-ce que la conscience ?

Cette question résonne à travers les couloirs de la philosophie, de la science et de la spiritualité depuis des millénaires, résistant aux réponses faciles, demeurant l'une des plus grandes énigmes de l'existence. C'est la lumière intérieure qui illumine notre expérience du monde, la sensation d'"être", le fait que nous ne sommes pas seulement des automates traitant de l'information, mais bien des sujets vivant une réalité. Sans conscience, l'univers pourrait exister comme un mécanisme complexe et vide, mais il serait dépourvu de signification, de beauté, de douleur ou de joie. C'est la conscience qui confère couleur, son, texture et sens à la tapisserie de l'existence.

Lorsque nous tentons de définir la conscience, nous nous heurtons souvent à la difficulté de décrire ce qui est le plus fondamental dans notre expérience. La conscience est la capacité d'expérimenter, d'être conscient. C'est la qualité subjective de "ce que cela fait d'être" quelque chose ou quelqu'un. C'est la différence entre un thermostat qui réagit à la température et vous *ressentant* le froid. C'est la différence entre une caméra qui enregistre la couleur rouge et vous *voyant* le rouge, avec toute sa vivacité et ses associations émotionnelles possibles. Cette qualité intrinsèque de l'expérience, cet aspect phénoménal, est souvent appelée *qualia* par les philosophes. Comment décrire la douceur du miel à quelqu'un qui ne l'a jamais goûté ? Comment expliquer la mélancolie d'une chanson ou l'euphorie d'une réussite ? Ce sont des expériences directes, ressenties de l'intérieur vers l'extérieur, constituant le cœur de ce que signifie être conscient.

    Cette subjectivité intrinsèque fait de la conscience un défi unique pour la science, qui traite traditionnellement de l'objectif, du mesurable, de l'observable de l'extérieur. La science moderne, particulièrement la neuroscience, a fait des progrès remarquables dans la cartographie des corrélations entre l'activité cérébrale et les états conscients. Nous savons que certaines zones du cerveau sont associées à la vision, d'autres à l'audition, d'autres à la planification, aux émotions, au langage. Des lésions à des régions spécifiques peuvent altérer radicalement la personnalité, la mémoire ou la capacité même d'être conscient. Des technologies comme l'imagerie par résonance magnétique fonctionnelle (IRMf) permettent d'observer quelles parties du cerveau s'"allument" lorsque nous pensons, ressentons ou percevons quelque chose. Cette connexion intime entre le cerveau physique et l'expérience subjective est indéniable.

Pour de nombreux scientifiques, cela suggère fortement que la conscience est un produit de l'activité cérébrale, une propriété émergente du réseau complexe de milliards de neurones s'activant selon des motifs complexes. Dans cette vision matérialiste, le cerveau *crée* la conscience, de la même manière que les reins produisent de l'urine ou l'estomac produit de l'acide. L'esprit serait alors ce que fait le cerveau.

Cependant, cette explication, bien que dominante dans de nombreux cercles scientifiques, laisse une lacune cruciale, un mystère profond que le philosophe David Chalmers a célèbrement appelé "le problème difficile de la conscience" (the hard problem). Les "problèmes faciles" (qui sont en réalité immensément complexes) consistent à expliquer les fonctions de la conscience : comment le cerveau traite l'information, dirige l'attention, contrôle le comportement, stocke les souvenirs. Le "problème difficile" est d'expliquer *pourquoi* et *comment* toute cette activité physique neuronale donne naissance à l'expérience subjective, aux qualia. Pourquoi toute cette computation biologique devrait-elle *ressentir* quelque chose ? Pourquoi ne pourrions-nous pas être des "zombies philosophiques" – des êtres qui traitent l'information et se comportent exactement comme nous, mais sans aucune expérience intérieure, sans aucune lumière allumée à l'intérieur ? La neuroscience peut montrer *quels* neurones s'activent lorsque nous voyons du rouge, mais n'explique pas *pourquoi* cette activation spécifique s'accompagne de la *sensation* subjective du rouge. Ce passage de la matière physique à l'expérience subjective demeure un abîme explicatif, le grand mystère au cœur de la science de l'esprit.

Cette difficulté à réduire la conscience uniquement à l'activité cérébrale a conduit certains scientifiques et philosophes à se demander si le cerveau est réellement le générateur exclusif de la conscience. La relation pourrait-elle être plus subtile ? Une analogie souvent utilisée est celle du poste de télévision ou de radio. L'appareil capte des signaux transmis par l'air et les convertit en image et son. La musique n'est pas *à l'intérieur* de la radio ; celle-ci ne fait que la syntoniser et l'exprimer. De même, pourrions-nous penser au cerveau non pas comme le créateur de la conscience, mais comme un récepteur et transmetteur complexe, un syntoniseur biologique qui capte et module une conscience plus large, peut-être un champ de conscience qui imprègne l'univers, semblable au champ énergétique discuté dans le chapitre précédent.

Dans cette perspective, le cerveau serait le matériel nécessaire pour que la conscience se manifeste et interagisse dans le monde physique tridimensionnel, mais la conscience en soi pourrait avoir une origine plus fondamentale, non localisable exclusivement à l'intérieur du crâne. Cette vision offre un cadre conceptuel qui pourrait potentiellement accommoder des phénomènes qui défient la vision purement cérébrale, comme les expériences de mort imminente lucides survenues pendant un arrêt cardiaque, ou certaines expériences psychiques qui suggèrent un esprit non confiné au corps (thèmes que nous explorerons plus loin). Il ne s'agit pas de nier l'importance cruciale du cerveau, mais de reconsidérer sa fonction exacte dans l'équation de la conscience.

Ici, encore une fois, nous trouvons une résonance notable avec les perspectives spirituelles millénaires. Pour d'innombrables traditions à travers le globe, la conscience n'est pas un épiphénomène tardif de l'évolution matérielle, mais bien l'élément primordial, l'essence même de l'existence. Ce que la science appelle "conscience", la spiritualité l'appelle fréquemment *Âme* (Atman dans l'hindouisme, Psyché dans la Grèce antique, Nephesh dans le judaïsme) ou *Esprit*. Cette Âme est vue comme l'étincelle divine à l'intérieur de chaque être, la partie immortelle et immuable de nous qui observe le flux de la vie, apprend des expériences et persiste au-delà de la mort du corps physique. Le corps et le cerveau sont considérés comme des véhicules temporaires pour l'expression et l'évolution de cette conscience essentielle sur le plan matériel.

La conscience, dans cette vision, n'émerge pas de la matière ; au contraire, la matière peut être vue comme une manifestation ou une expression de la conscience fondamentale. L'univers ne serait pas une machine qui a accidentellement produit la conscience, mais plutôt un champ de conscience qui se manifeste comme un univers. Dieu, ou la Source Ultime, est fréquemment conçu comme Conscience Pure, et nous, en tant qu'individus, serions des expressions individualisées de cette Conscience Cosmique.

Cette perspective nous invite à regarder à l'intérieur, à chercher le "je" qui expérimente derrière les pensées, les émotions et les sensations passagères. Qui est celui qui observe vos pensées surgir et disparaître ? Qui perçoit vos joies et vos tristesses ? Les pratiques méditatives dans diverses traditions visent justement à cultiver cette auto-observation, à différencier l'observateur silencieux (le Soi intérieur, le témoin) du contenu de l'esprit (le flux constant de pensées et de perceptions). Cet observateur interne est fréquemment associé au *Soi Supérieur* ou à l'*Étincelle Divine*, notre connexion directe avec la conscience universelle. C'est la partie de nous qui reste sereine et lucide même au milieu du tumulte de la vie, la source de notre intuition, de notre sagesse et de notre compassion innées. Reconnaître et se connecter à ce noyau de conscience pure est vu comme le chemin vers l'autocompréhension, la paix intérieure et l'illumination spirituelle.

Par conséquent, la nature de la conscience se présente comme un point crucial de convergence et de dialogue entre science et spiritualité. La science, avec sa rigueur méthodologique, cartographie les corrélations physiques de la conscience et se heurte au "problème difficile", reconnaissant les limites actuelles de sa compréhension de l'expérience subjective. La spiritualité, à travers des millénaires d'exploration introspective, offre une vision de la conscience comme fondamentale, comme l'essence de l'être et la source de la réalité, proposant des chemins pour son exploration directe et son expansion.

Aucune des approches, isolément, ne semble détenir la réponse complète. Peut-être la vérité réside-t-elle dans l'intégration, en reconnaissant que la conscience a à la fois un aspect physique, ancré dans le fonctionnement cérébral, et un aspect plus subtil, transcendant, possiblement connecté à un champ universel d'énergie et d'information. Comprendre la conscience, c'est, en fin de compte, nous comprendre nous-mêmes à notre niveau le plus profond. C'est la clé pour dévoiler notre relation avec l'univers énergétique que nous habitons.

Si notre conscience n'est pas strictement limitée au cerveau, si elle peut interagir avec des champs d'énergie, si elle est une expression individualisée d'une Conscience plus grande, alors les implications sont immenses. Cela ouvre la porte pour comprendre comment nos pensées et intentions peuvent influencer la réalité, comment nous pouvons nous connecter les uns aux autres et au cosmos de manières subtiles, et quel peut être notre but supérieur dans ce voyage existentiel. L'enquête sur la nature de la conscience n'est pas seulement un exercice académique ou philosophique ; c'est une exploration vitale qui nous touche au cœur de notre être et définit notre perception de qui nous sommes et de ce qui est possible. En gardant l'esprit ouvert aux découvertes de la science et à la sagesse des traditions spirituelles, nous pouvons commencer à entrevoir une image plus complète et intégrée de cette lumière mystérieuse qui nous anime, la flamme de la conscience qui brûle au cœur de l'univers et à l'intérieur de chacun de nous. Le voyage pour comprendre l'Âme

Quantique passe inévitablement par le dévoilement des secrets de cette essence consciente.

Chapitre 3
Nature de la Réalité

Après avoir exploré l'idée fondamentale que tout est énergie et questionné la nature de la conscience qui perçoit cette énergie, nous sommes naturellement conduits à nous interroger sur la nature même de ce que nous appelons "réalité". Qu'est-ce qui est réel ? Le monde que nous expérimentons – avec ses paysages, ses objets, ses autres personnes – existe-t-il exactement tel que nous le percevons, indépendamment de nous ? Ou notre perception, notre conscience, joue-t-elle un rôle actif dans la construction de ce que nous tenons pour réalité ? Cette question, aussi ancienne que la philosophie elle-même, acquiert de nouvelles nuances et une urgence accrue à la lumière des découvertes de la physique moderne et des intuitions profondes des traditions spirituelles. Défier nos suppositions sur la réalité est une étape cruciale pour comprendre notre place et notre pouvoir au sein du cosmos.

La vision prédominante, tant dans le sens commun que dans la science classique qui a façonné notre civilisation pendant des siècles, est celle d'une réalité objective. Dans cette perspective, l'univers existe "là-bas", solide, factuel, gouverné par des lois immuables, complètement indépendant de celui qui l'observe. Une pierre est une pierre, avec ses propriétés de masse, de texture et de composition chimique, qu'il y ait quelqu'un pour la regarder ou non. Le temps s'écoule uniformément, l'espace est une scène fixe où les événements se déroulent. La réalité est vue comme quelque chose de concret et d'externe, et notre tâche, en tant qu'observateurs ou scientifiques, est de découvrir ses lois et de la décrire de la manière la plus précise possible. Nos sens, bien qu'imparfaits, seraient des fenêtres sur ce monde extérieur préexistant.

Cette vision mécaniste et matérialiste, consolidée par des penseurs comme Isaac Newton, a incroyablement bien réussi à expliquer et à prédire les phénomènes du monde macroscopique, conduisant à des avancées technologiques qui ont transformé notre société. Elle nous offre une sensation d'ordre, de prévisibilité et de contrôle sur le monde naturel.

Cependant, même au sein de cette vision classique, il faut reconnaître les limites inhérentes à notre perception. Nos sens sont des outils biologiques hautement spécialisés, évolués pour garantir notre survie dans un environnement spécifique, non pour capter la totalité de la réalité. Nous ne percevons qu'une minuscule bande du spectre électromagnétique comme lumière visible, ignorant les ondes radio, les micro-ondes, l'infrarouge, l'ultraviolet, les rayons X et les rayons gamma qui imprègnent l'espace autour de nous. Notre ouïe capte une gamme limitée de fréquences sonores ; nous n'entendons pas les ultrasons des chauves-souris ni les infrasons des éléphants. Notre odorat et notre goût sont rudimentaires comparés à ceux de nombreux autres animaux.

Ce que nous percevons comme un monde continu et stable est, en réalité, une reconstruction effectuée par notre cerveau à partir de signaux sensoriels fragmentés et limités. Le cerveau interprète, filtre, comble les lacunes et projette des attentes basées sur les expériences passées et les conditionnements culturels. Les illusions d'optique démontrent vivement comment notre perception peut être trompée, comment le cerveau construit activement la réalité visuelle. Un daltonien perçoit le monde différemment. Un chien, avec son odorat extrêmement développé, vit dans un univers olfactif que nous pouvons à peine imaginer.

Par conséquent, même sans sortir du paradigme scientifique traditionnel, nous avons déjà des indices que notre "réalité" perçue est une version éditée, un modèle subjectif basé sur des données sensorielles incomplètes et un traitement neuronal. Nous n'expérimentons pas le monde directement tel qu'il "est", mais plutôt une interprétation de celui-ci.

Cette notion d'une réalité pas si fixe et objective a été considérablement amplifiée par les découvertes de la physique quantique au début du XXe siècle. En étudiant le royaume subatomique, les scientifiques se sont heurtés à des phénomènes qui défiaient complètement l'intuition classique. Des particules comme les électrons semblaient ne pas avoir de propriétés définies, telles que la position ou le moment, avant d'être mesurées. Avant la mesure, elles n'existaient que comme des ondes de probabilité, un champ de potentialités. L'acte même d'observer semblait influencer le résultat, "effondrant" l'onde de probabilité en un état défini. Cela suggérait que, au niveau le plus fondamental, la réalité n'est pas fixe et prédéterminée, mais plutôt probabiliste et, d'une certaine manière, dépendante de l'observateur. L'image d'un univers objectif et indépendant "là-bas" a commencé à se dissoudre, laissant place à une vision plus étrange et interconnectée, où observateur et observé semblent intrinsèquement liés. Bien que les effets quantiques soient généralement subtils à notre échelle macroscopique, ils révèlent une nature fondamentale de la réalité qui diffère radicalement du monde solide et prévisible de Newton. La physique quantique a ouvert une brèche dans la conception de la réalité objective, suggérant qu'elle pourrait être plus malléable, plus participative que nous ne l'imaginions.

Cette idée que la réalité perçue pourrait ne pas être la réalité ultime, ou que notre esprit participe à sa création, trouve des parallèles impressionnants dans les anciennes traditions spirituelles, en particulier dans les philosophies orientales. Dans l'hindouisme et le bouddhisme, le concept de *Maya* décrit le voile de l'illusion qui recouvre la vraie nature de la réalité. Maya est le pouvoir cosmique qui fait paraître réel et substantiel le monde phénoménal – le monde des noms et des formes, des objets séparés et des événements transitoires. Sous le voile de Maya, nous percevons la multiplicité et la séparation, oubliant l'unité sous-jacente (Brahman, dans l'hindouisme) ou la nature vide et interdépendante de tous les phénomènes (Shunyata, dans le bouddhisme).

Maya ne signifie pas nécessairement que le monde est une hallucination complète ou qu'il n'existe pas du tout. Cela signifie plutôt que notre perception habituelle de celui-ci est trompeuse, que nous prenons les apparences pour l'essence, le transitoire pour le permanent, le fragmenté pour le tout. La solidité apparente des objets, la fixité de notre moi, la linéarité du temps – tout cela ferait partie de l'illusion tissée par Maya, une construction mentale qui nous emprisonne dans un cycle de souffrance (samsara) jusqu'à ce que nous nous éveillions à la vraie nature de la réalité par la sagesse et la pratique spirituelle. La découverte de la physique moderne selon laquelle les objets solides sont en réalité de vastes espaces vides remplis de champs d'énergie probabiliste semble faire écho de manière surprenante à cette ancienne notion spirituelle que la solidité du monde matériel est une illusion perceptive.

En réunissant ces perspectives – les limites de la perception sensorielle, les implications de la physique quantique et la sagesse des traditions comme celle qui nous parle de Maya – émerge une image de la réalité comme une construction complexe. Ce que nous expérimentons comme "monde réel" semble être le résultat d'une interaction complexe entre un potentiel énergétique sous-jacent (décrit par la physique quantique), les filtres de nos sens biologiques, le traitement interprétatif de notre cerveau (façonné par l'évolution, la culture et l'expérience personnelle) et, de manière cruciale, l'état de notre propre conscience.

Nous ne sommes pas de simples spectateurs passifs d'un film cosmique qui se déroule indépendamment de nous. Nous sommes, d'une certaine manière, des participants actifs au tissage même de la tapisserie de la réalité que nous expérimentons. Nos croyances, nos attentes, nos foyers d'attention et nos états émotionnels peuvent agir comme des filtres supplémentaires, colorant notre perception et peut-être même influençant subtilement les événements qui se manifestent dans notre vie.

Certains courants spirituels et philosophiques vont encore plus loin, proposant que la réalité physique n'est pas seulement interprétée ou influencée par la conscience, mais plutôt projetée par elle. Dans cette vision idéaliste, la conscience serait la réalité primaire, et le monde matériel serait une manifestation secondaire, comme un rêve ou une projection mentale d'un Esprit Cosmique plus grand, ou même de notre propre conscience collective. L'univers serait, en ce sens, un reflet de la conscience qui le perçoit. Bien que cette idée puisse sembler radicale du point de vue matérialiste, elle trouve un soutien dans les expériences mystiques où des individus rapportent ressentir l'unité avec tout et percevoir le monde comme une émanation de leur propre conscience élargie. La physique quantique, en démontrant le rôle de l'observateur, bien qu'elle ne prouve pas directement l'idéalisme, rend certainement cette perspective moins invraisemblable qu'elle ne l'était dans le paradigme classique.

Peut-être une vision plus équilibrée et intégrative est-elle celle de l'interdépendance. La réalité ne serait ni purement objective (existant indépendamment de la conscience) ni purement subjective (étant seulement une projection de l'esprit), mais plutôt émergeant de la *relation* dynamique entre la conscience et le champ de potentialité quantique. L'univers offre un éventail de possibilités énergétiques, et la conscience, par l'acte d'observer, de percevoir et d'intentionner, participe à l'actualisation de ces possibilités en expérience concrète. Observateur et observé co-créent la réalité moment après moment, dans une danse cosmique d'énergie et de conscience. Cette vision résonne à la fois avec certaines interprétations de la mécanique quantique (comme l'interprétation relationnelle) et avec les philosophies holistiques qui soulignent l'interconnexion et la participation.

Indépendamment de l'interprétation qui nous semble la plus convaincante, le point central est l'invitation à remettre en question nos certitudes sur la nature de la réalité. Le monde peut être beaucoup plus mystérieux, fluide et participatif que notre vision quotidienne nous le laisse croire. La solidité peut être une illusion énergétique, la séparation peut être un voile perceptuel, et notre propre conscience peut avoir un rôle beaucoup plus central dans l'orchestration de l'existence que nous ne l'avons jamais imaginé. Reconnaître cela ne nous conduit pas au nihilisme ou à la négation du monde, mais plutôt à une posture de plus grande humilité, d'émerveillement et de responsabilité. Si nous participons à la construction de notre réalité, alors la qualité de notre conscience, de nos pensées et de nos intentions, devient fondamentale. Ouvrir l'esprit à la possibilité d'une réalité malléable, interconnectée et imprégnée par la conscience est essentiel pour comprendre les phénomènes que nous explorerons dans les prochains chapitres, tels que le pouvoir de l'observateur, la non-localité et la capacité de l'esprit à influencer la matière. Le voyage vers l'Âme Quantique exige que nous osions regarder au-delà du voile de la réalité apparente et contemplions la danse profonde entre l'univers intérieur et l'univers extérieur.

Chapitre 4
Matière et Esprit

Au fil de l'histoire de la pensée humaine, une division profonde a souvent séparé notre compréhension du monde en deux domaines apparemment distincts : celui de la matière et celui de l'esprit. D'un côté, nous avons le royaume du physique, du tangible, du mesurable – le domaine traditionnel de la science. C'est le monde des pierres, des arbres, des corps, des étoiles, tout ce que nous pouvons toucher, peser, analyser dans ses composants chimiques et physiques. De l'autre côté, nous avons le royaume de l'immatériel, de l'intangible, du sacré – le domaine traditionnel de la religion, de la philosophie et de l'expérience intérieure. C'est le monde de la conscience, de l'âme, des sentiments, des idées, de la foi, de Dieu.

Cette dichotomie, cette sensation que matière et esprit sont des substances fondamentalement différentes, voire opposées, a profondément façonné notre culture, nos institutions et notre propre perception de qui nous sommes. Mais cette séparation est-elle réelle ? Ou serait-elle une autre illusion perceptive, une construction mentale qui nous empêche de voir une connexion plus profonde et unifiée dans la tapisserie de l'existence ?

Cette division a été particulièrement cristallisée dans la pensée occidentale par le philosophe français René Descartes, au XVIIe siècle. Descartes a proposé un dualisme radical entre *res extensa* (la substance étendue, la matière, caractérisée par le fait d'occuper de l'espace) et *res cogitans* (la substance pensante, l'esprit, caractérisée par la conscience). Pour Descartes, corps et esprit étaient des entités séparées, interagissant d'une manière mystérieuse, mais fondamentalement distinctes. Cette vision cartésienne a eu un impact immense, permettant à la science de se développer en se concentrant sur l'étude objective et mathématique du monde matériel, libre des complexités subjectives de l'esprit, qui furent reléguées à la philosophie et à la théologie. Bien qu'utile dans un certain sens pour l'avancement scientifique initial, cette séparation a créé un abîme qui perdure jusqu'à aujourd'hui, générant un sentiment d'aliénation entre notre monde intérieur et l'univers extérieur, entre notre quête de sens spirituel et notre compréhension scientifique du cosmos. Nous nous sentons souvent comme des "fantômes dans la machine", des consciences prisonnières de corps matériels qui ne semblent pas avoir de relation intrinsèque avec notre essence la plus profonde.

Cependant, la science elle-même, en approfondissant son investigation sur la nature de la matière, a commencé à éroder les fondations de cette séparation rigide. Comme nous l'avons vu précédemment, la physique du XXe siècle a révélé une image surprenante. La matière, qui semblait si solide et inerte, s'est avérée être, dans son essence, énergie vibrante et dynamique. Les atomes sont de vastes espaces vides remplis de champs de force. Les particules subatomiques dansent entre les états d'onde et de particule, leurs propriétés indéfinies jusqu'à ce qu'elles soient observées. La célèbre équation $E=mc^2$ d'Einstein a démontré l'équivalence fondamentale entre masse et énergie, montrant que la matière est, en réalité, de l'énergie hautement concentrée.

Cette vision scientifique moderne dépeint la matière non pas comme quelque chose d'opposé à l'énergie ou au dynamisme, mais comme sa manifestation condensée. La solidité est une illusion macroscopique ; à la base, tout est flux, vibration, potentialité. La matière n'est pas une "chose" statique, mais plutôt un processus énergétique continu.

Cette compréhension scientifique résonne de manière fascinante avec de nombreuses perspectives spirituelles anciennes et contemporaines sur la nature du monde physique. Dans diverses traditions, la matière n'est pas vue comme intrinsèquement mauvaise, illusoire ou séparée du divin, mais plutôt comme une expression, une manifestation ou même un "corps" de l'esprit ou de la conscience universelle. Dans certaines visions, l'univers matériel est le rêve de Dieu, le chant de la Source, la danse de Shiva. La matière serait l'esprit sous sa forme la plus dense, la plus visible. La création du monde physique ne serait pas un acte de séparation du divin, mais plutôt un acte d'amour, d'extension, où l'esprit s'aventure dans la forme pour s'expérimenter lui-même de manières infinies.

La notion que la matière est "lumière gelée" ou "esprit condensé" apparaît dans diverses écoles de pensée mystique et ésotérique. Elles décrivent une hiérarchie ou un spectre d'existence, où l'énergie primordiale se différencie en niveaux vibratoires de plus en plus dense, depuis les plans spirituels les plus subtils jusqu'au plan physique que nous percevons.

Nous pouvons alors commencer à entrevoir une vision unificatrice, un pont sur l'abîme cartésien. Et si matière et esprit n'étaient pas deux substances distinctes, mais plutôt deux pôles d'un même spectre continu d'énergie-conscience ? La matière serait l'énergie vibrant à des fréquences relativement plus basses, créant des motifs stables et denses que nous percevons comme des objets physiques. L'esprit (ou conscience, force vitale) serait cette même énergie primordiale vibrant à des fréquences plus élevées, plus subtiles, se manifestant comme pensée, sentiment, intuition, vie. La différence ne serait pas de substance, mais d'état vibratoire, d'expression.

Pensons à l'eau : elle peut exister comme glace (solide, dense), comme liquide (fluide) ou comme vapeur (gazeuse, invisible). Ce sont trois manifestations très différentes, avec des propriétés distinctes, mais toutes sont fondamentalement la même substance : H_2O. De même, matière et esprit pourraient être différentes manifestations de la même réalité fondamentale sous-jacente. Le corps physique dense serait animé et soutenu par des corps énergétiques plus subtils (aura, corps éthérique, corps astral, comme décrits dans diverses traditions), qui à leur tour seraient des expressions d'une âme ou d'une conscience encore plus fondamentale. L'ancienne notion spirituelle selon laquelle le corps physique (dense) est animé par quelque chose de subtil (âme, esprit) trouve un parallèle dans la vision scientifique de la matière comme énergie organisée et dynamique, non comme des blocs inertes.

La physique quantique, en particulier, offre un fort soutien conceptuel pour surmonter le dualisme strict. Le déjà mentionné "effet de l'observateur" – le fait que l'acte d'observer un système quantique affecte son état – suggère un lien inéluctable entre conscience (l'observateur) et matière (le système observé). Ils ne peuvent pas être totalement séparés dans une description complète de la réalité quantique. De plus, des phénomènes comme l'intrication quantique (que nous explorerons plus loin), où des particules qui ont interagi restent connectées instantanément à distance, défient la notion d'objets matériels comme des entités isolées et indépendantes, pointant vers une interconnexion holistique fondamentale dans l'univers. L'univers quantique ne ressemble pas à une machine faite de pièces séparées, mais plutôt à un réseau indivisible de relations énergétiques, où la conscience semble jouer un rôle actif. En révélant la nature fluide, interconnectée et participative de la réalité à son niveau le plus fondamental, la physique quantique mine implicitement la séparation rigide entre l'observateur (esprit) et l'observé (matière).

Cette convergence nous invite à reconsidérer les concepts philosophiques de dualisme et de monisme. Le dualisme soutient qu'il existe deux substances fondamentales irréductibles (comme l'esprit et la matière). Le monisme, en revanche, affirme que la réalité est, en fin de compte, composée d'une seule substance ou principe fondamental. Il existe différentes formes de monisme : le monisme matérialiste (tout est matière, l'esprit est un sous-produit), le monisme idéaliste (tout est esprit/conscience, la matière est une manifestation) et le monisme neutre (la substance fondamentale n'est ni matière ni esprit, mais quelque chose de neutre qui se manifeste comme les deux). La vision qui émerge de la synthèse entre la physique moderne et la sagesse spirituelle semble pointer vers une forme de monisme. Qu'il s'agisse d'un monisme où l'énergie quantique fondamentale possède des propriétés proto-conscientes, ou d'un monisme où la Conscience est le substrat primordial dont émerge l'énergie/matière, l'idée centrale est celle d'une unité sous-jacente. Matière et esprit ne seraient pas des ennemis en guerre, mais plutôt des partenaires de danse dans la grande chorégraphie cosmique.

Il est crucial de comprendre que reconnaître cette unité ne signifie pas réduire la spiritualité à la physique ou transformer la science en religion. Il s'agit plutôt de percevoir que les deux peuvent décrire des facettes de la même réalité une, en utilisant des langages, des méthodes et des centres d'intérêt différents. La science cherche à comprendre le "comment" par l'observation externe, l'expérimentation et la modélisation mathématique. La spiritualité cherche à comprendre le "pourquoi" et le "qui" par l'introspection, l'expérience directe, le symbolisme et la quête de sens. Ce sont des chemins complémentaires vers la connaissance. La physique peut nous parler des vibrations des champs quantiques, tandis que la spiritualité nous parle des vibrations de l'amour et de la compassion. La neuroscience peut cartographier les corrélats neuronaux de la méditation, tandis que la pratique méditative nous offre l'expérience directe de la paix intérieure. Au lieu de les voir comme des domaines conflictuels, nous pouvons commencer à les apprécier comme différents niveaux de description d'un univers qui est simultanément physique et non-physique, énergétique et conscient.

Surmonter l'illusion de la séparation entre matière et esprit est peut-être l'une des étapes les plus libératrices de notre voyage d'autocompréhension. Lorsque nous percevons que notre corps n'est pas une prison pour l'âme, mais plutôt un temple sacré, un instrument précieux pour l'expérience et l'expression de la conscience dans le monde physique ; lorsque nous comprenons que le monde matériel n'est pas un obstacle à l'esprit, mais plutôt sa manifestation visible, notre relation avec nous-mêmes et avec l'univers se transforme. Nous cessons de nous sentir fragmentés et aliénés, et commençons à expérimenter la totalité de notre être comme des entités physico-énergético-spirituelles. Cette vision intégrée nous permet de prendre soin de notre corps avec plus de respect, d'honorer la nature comme sacrée et de chercher un équilibre harmonieux entre nos besoins matériels et nos aspirations spirituelles. Elle nous prépare à comprendre comment la conscience peut interagir avec l'énergie pour façonner la réalité, un thème central que la révolution quantique nous aidera à explorer plus profondément. La danse entre matière et esprit est la danse même de la vie, et nous sommes tous invités à y participer avec conscience et joie.

Chapitre 5
Révolution Quantique

À la fin du XIXe siècle et au début du XXe, la physique classique régnait en maître. Les lois du mouvement de Newton et la théorie de l'électromagnétisme de Maxwell semblaient décrire l'univers avec une précision et une élégance incontestables. Le cosmos était vu comme un grand mécanisme d'horlogerie, un système déterministe où, connaissant les conditions initiales de toutes les particules, il serait possible de prévoir tout l'avenir et de reconstruire tout le passé. La matière était solide, l'espace et le temps absolus, et la réalité existait objectivement, indépendamment de tout observateur. Il y avait un sentiment de complétude, que les grands principes fondamentaux de la nature avaient été dévoilés. Restaient seulement quelques détails à affiner, quelques petites anomalies à expliquer au sein de cette structure grandiose et apparemment inébranlable.

Les physiciens de l'époque ne se doutaient guère que ces petits "nuages à l'horizon", comme on les appelait, annonçaient une tempête conceptuelle qui ébranlerait les fondements mêmes de leur compréhension de la réalité, inaugurant une ère radicalement nouvelle : l'ère quantique.

La première faille significative dans cet édifice classique est apparue vers 1900, avec les travaux du physicien allemand Max Planck. Il tentait de résoudre un problème spécifique connu sous le nom de "catastrophe ultraviolette", lié au rayonnement émis par les objets chauffés (corps noirs). Les théories classiques prédisaient que ces objets devraient émettre des quantités infinies d'énergie à hautes fréquences (comme la lumière ultraviolette), ce qui n'était clairement pas le cas en pratique. Dans un acte qu'il décrivit lui-même comme étant de "désespoir", Planck proposa une solution radicale : l'énergie ne serait pas émise ou absorbée de manière continue, comme on le pensait, mais plutôt par paquets discrets, comme s'il s'agissait de petites "pièces" d'énergie. Il appela ces paquets indivisibles *quanta* (pluriel de *quantum*, qui signifie "quantité" en latin). La quantité d'énergie dans chaque quantum était proportionnelle à la fréquence du rayonnement.

Cette idée d'énergie quantifiée, discontinue, allait à l'encontre de toute l'intuition de la physique classique, où les grandeurs étaient considérées comme continues. Planck lui-même hésita initialement à accepter les implications profondes de sa propre hypothèse, la considérant davantage comme un artifice mathématique que comme une description de la réalité physique. Mais la graine de la révolution avait été plantée.

Quelques années plus tard, en 1905, Albert Einstein poussa l'idée du quantum un pas plus loin de manière audacieuse. Pour expliquer l'effet photoélectrique – le phénomène où la lumière incidente sur un métal peut en arracher des électrons – Einstein proposa que la lumière elle-même n'était pas seulement une onde continue, comme on le croyait, mais consistait également en ces paquets d'énergie quantifiée. Ces "quanta de lumière" seraient plus tard appelés *photons*. L'énergie de chaque photon dépendait de sa fréquence (couleur), et seuls les photons avec une énergie suffisante pouvaient éjecter des électrons du métal, expliquant pourquoi l'intensité de la lumière n'était pas le facteur déterminant, mais plutôt sa couleur. Cette explication valut à Einstein le prix Nobel et fournit une forte confirmation de la réalité physique des quanta, montrant que la discontinuité introduite par Planck n'était pas un simple artifice, mais une caractéristique fondamentale de l'interaction entre lumière et matière. La lumière, qui classiquement était vue comme une onde pure, révélait maintenant aussi une nature de particule.

La pièce cruciale suivante du puzzle quantique vint en 1913, avec le physicien danois Niels Bohr. Il appliqua les idées quantiques à la structure de l'atome, cherchant à expliquer pourquoi les atomes étaient stables et pourquoi ils émettaient de la lumière seulement à des fréquences spécifiques (raies spectrales). Selon la physique classique, les électrons orbitant autour du noyau devraient irradier de l'énergie continuellement et rapidement spiraler vers l'intérieur, rendant les atomes instables. Bohr postula que les électrons ne pouvaient exister que sur certaines orbites ou niveaux d'énergie permis autour du noyau, comme les marches d'un escalier. Ils ne pouvaient pas occuper les espaces intermédiaires. Un électron ne pouvait "sauter" d'un niveau à un autre qu'en absorbant ou en émettant un quantum exact d'énergie, correspondant à la différence entre les niveaux, sous la forme d'un photon de lumière. Ce modèle, bien que perfectionné par la suite, fut un succès remarquable pour expliquer les spectres atomiques et introduisit la quantification non seulement de l'énergie, mais aussi de la structure de la matière à son niveau le plus fondamental. L'atome n'était pas un système solaire miniature régi par les lois classiques, mais plutôt une entité quantique avec ses propres règles étranges.

Dans les décennies suivantes, en particulier dans les années 1920, une explosion de créativité de la part d'une génération brillante de physiciens – incluant Werner Heisenberg, Erwin Schrödinger, Paul Dirac, Wolfgang Pauli, Max Born et d'autres – mena au développement de la théorie complète de la mécanique quantique. Cette nouvelle théorie décrivait le comportement de la matière et de l'énergie à l'échelle atomique et subatomique avec une précision mathématique impressionnante, mais elle apportait avec elle des concepts qui défiaient radicalement le sens commun et la philosophie classique.

Le déterminisme strict céda la place à la *probabilité* : la mécanique quantique ne prédisait pas le résultat exact d'une mesure unique, mais plutôt les probabilités des différents résultats possibles. La nature semblait avoir un élément inhérent de hasard ou de choix à son niveau le plus fondamental. La *dualité onde-particule*, suggérée initialement pour la lumière par

Einstein, fut étendue à la matière par Louis de Broglie : des particules comme les électrons pouvaient aussi se comporter comme des ondes, et vice-versa. Et, peut-être le plus troublant, le rôle de l'*observateur* semblait être crucial : l'acte de mesurer un système quantique paraissait influencer activement son état, faisant émerger une réalité qui n'était auparavant que potentielle.

Cette avalanche de découvertes marqua la fin de la vision mécaniste du monde, de l'univers comme une horloge prévisible et objective. La réalité fondamentale se révéla beaucoup plus étrange, subtile et interconnectée que la physique classique ne l'avait jamais imaginé. L'univers n'était pas une machine faite de pièces bien définies, mais plutôt une toile dynamique de potentiels probabilistes, où onde et particule étaient des aspects complémentaires de la même entité, et où la séparation entre observateur et observé n'était plus absolue.

Ce changement de paradigme fut si profond qu'il généra d'intenses débats philosophiques entre les pionniers mêmes de la théorie. Einstein, malgré son rôle fondamental au début de la révolution, resta mal à l'aise avec la nature probabiliste et apparemment incomplète de la mécanique quantique, exprimant sa célèbre objection selon laquelle "Dieu ne joue pas aux dés". Il cherchait une théorie plus profonde et déterministe. Bohr, en revanche, devint le principal défenseur de ce qu'on appelle l'Interprétation de Copenhague, qui embrassait la probabilité, la complémentarité (onde et particule comme descriptions nécessaires mais mutuellement exclusives) et le rôle essentiel de l'acte de mesure dans la définition de la réalité quantique. Schrödinger, célèbre pour son équation d'onde, illustra le paradoxe de la théorie avec son expérience de pensée du chat qui serait simultanément vivant et mort jusqu'à ce que la boîte soit ouverte et qu'une observation soit faite. Ces débats montrent que les fondateurs de la physique quantique étaient pleinement conscients des implications philosophiques radicales de leur travail, tâtonnant dans l'obscurité pour comprendre la signification d'un monde qui défiait l'intuition humaine.

Cette révolution quantique fut donc bien plus qu'une simple avancée en physique. Elle représenta une transformation fondamentale dans la manière dont la science percevait la nature de la réalité. En brisant le déterminisme rigide, en introduisant la probabilité et l'interconnexion fondamentale, et en soulignant le rôle énigmatique de l'observateur, la mécanique quantique ouvrit des portes conceptuelles qui avaient été fermées par la vision mécaniste classique. Elle créa un espace où la science pouvait, bien que timidement au début, commencer à reconsidérer des questions profondes sur la nature de la matière, de l'énergie, de l'information et même de la conscience – des questions qui semblaient auparavant appartenir exclusivement au domaine de la philosophie ou de la spiritualité. La physique, qui semblait avoir banni le mystère de l'univers, le réintroduisait maintenant en son propre cœur. Cette ouverture, cette rupture du matérialisme strict, créa un pont potentiel, un point de départ pour un nouveau dialogue entre la connaissance scientifique et la réflexion philosophique et spirituelle sur la nature ultime de l'existence. La révolution quantique ne nous a pas seulement donné de nouvelles technologies, mais aussi une nouvelle manière de voir le monde et notre place en son sein, une vision qui continue de nous inspirer et de nous défier jusqu'à aujourd'hui.

Chapitre 6
Dualité Onde-Particule

Au sein du monde étrange et fascinant révélé par la révolution quantique, peut-être aucun concept ne défie davantage notre intuition et notre langage que la dualité onde-particule. Dans le monde macroscopique que nous habitons, nous sommes habitués à une distinction claire. Les choses sont soit des ondes, soit des particules. Une onde, comme celles qui se forment à la surface d'un lac ou les ondes sonores qui voyagent dans l'air, est une perturbation qui se propage dans l'espace, transportant de l'énergie sans transporter de matière de manière localisée. Les ondes peuvent se superposer, interférer les unes avec les autres (créant des motifs de renforcement ou d'annulation) et contourner les obstacles (diffraction). Une particule, en revanche, comme une boule de billard ou un grain de sable, est une entité localisée dans l'espace, avec une position et une masse définies. Les particules entrent en collision, rebondissent, suivent des trajectoires bien définies. Dans notre expérience quotidienne, ces deux catégories semblent mutuellement exclusives. Une chose ne peut pas être simultanément une onde étendue et une particule localisée. Ou le peut-elle ?

La physique quantique nous force à confronter cette possibilité déconcertante. Comme nous l'avons vu, au début du XXe siècle, la lumière, longtemps considérée comme une onde électromagnétique classique, a commencé à révéler un comportement de particule à travers l'effet photoélectrique expliqué par Einstein – elle interagissait avec la matière comme si elle était composée de paquets discrets d'énergie, les photons. C'était déjà assez étrange. Mais le véritable retournement de situation est survenu lorsqu'on a découvert que l'inverse était également vrai : des entités qui avaient toujours été considérées comme des particules, comme les électrons, pouvaient également présenter un comportement ondulatoire.

Des expériences ont montré que des faisceaux d'électrons, en passant à travers des cristaux ou des fentes étroites, pouvaient produire des motifs de diffraction et d'interférence, phénomènes caractéristiques des ondes. C'était comme si les électrons, sous certaines conditions, "oubliaient" leur nature de particule et se propageaient dans l'espace comme des ondes. Cette découverte, proposée théoriquement par Louis de Broglie et confirmée expérimentalement peu après, a établi l'universalité de la dualité onde-particule : non seulement la lumière, mais aussi la matière, à son niveau le plus fondamental, exhibe cette nature double et paradoxale.

L'expérience la plus célèbre et peut-être la plus éloquente pour illustrer cette dualité est l'expérience des fentes d'Young (ou double fente). Imaginez une source qui tire des électrons, un par un, vers une barrière comportant deux fentes très proches. Derrière la barrière, il y a un écran détecteur qui enregistre où chaque électron arrive. Si nous pensons aux électrons comme de petites particules classiques, nous nous attendrions à ce que chaque électron passe par une fente ou par l'autre, atteignant l'écran en deux bandes correspondant aux positions des fentes, peut-être un peu étalées en raison de petites variations. Mais ce n'est pas ce qui se passe lorsque nous réalisons l'expérience sans essayer de découvrir par quelle fente chaque électron passe.

Au fur et à mesure que les électrons atteignent l'écran un par un, ils construisent progressivement un motif surprenant : une série de bandes alternées, claires et sombres, connue sous le nom de figure d'interférence. C'est exactement le type de motif que nous obtiendrions si des ondes (comme des vagues d'eau ou de lumière) passaient simultanément par les deux fentes, interférant de manière constructive (renforcement, bandes claires) et destructive (annulation, bandes sombres) les unes avec les autres sur le chemin menant à l'écran. L'implication est stupéfiante : chaque électron individuel, en voyageant de la source à l'écran, semble se comporter comme une onde qui passe par *les deux* fentes en même temps et interfère avec elle-même. Comment une seule particule peut-elle passer par deux endroits différents simultanément ?

L'étrangeté augmente encore. Supposons que nous modifions maintenant l'expérience en plaçant des détecteurs à chacune des fentes, conçus pour enregistrer par quelle fente chaque électron passe réellement. Nous voulons "espionner" l'électron et le forcer à révéler son chemin. Au moment où nous faisons cela, quelque chose de dramatique se produit : la figure d'interférence sur l'écran disparaît complètement ! À la place, nous obtenons exactement le motif que nous attendrions pour des particules classiques : deux bandes distinctes derrière les fentes. Le simple fait d'observer, d'obtenir des informations sur le chemin emprunté par l'électron ("information de quel chemin"), semble le forcer à abandonner son comportement ondulatoire et à se comporter comme une particule bien sage, choisissant une seule fente. C'est comme si l'électron "savait" qu'il était observé et décidait d'agir en conséquence. La nature ondulatoire et la nature corpusculaire semblent incompatibles avec l'obtention d'informations sur le chemin parcouru. La réalité que l'électron manifeste dépend crucialement de la manière dont nous choisissons d'interagir avec lui, du type de question que nous posons à travers notre configuration expérimentale.

Face à ce paradoxe apparemment insoluble, Niels Bohr proposa son célèbre Principe de Complémentarité. Bohr argumenta que les descriptions d'onde et de particule ne sont pas contradictoires, mais plutôt *complémentaires*. Les deux sont nécessaires pour une compréhension complète de la réalité quantique, mais elles s'appliquent dans des contextes expérimentaux différents et mutuellement exclusifs. Une expérience conçue pour mesurer les propriétés ondulatoires (comme l'interférence dans la double fente sans détecteurs) révélera la nature ondulatoire. Une expérience conçue pour mesurer les propriétés corpusculaires (comme la trajectoire dans la double fente avec détecteurs) révélera la nature corpusculaire. Nous ne pouvons pas observer les deux aspects simultanément avec une précision maximale. Ce sont comme les deux faces d'une même pièce quantique ; nous ne pouvons voir qu'une face à la fois, selon la façon dont nous regardons. La nature fondamentale de l'entité quantique englobe les deux potentialités, et le contexte de la mesure détermine laquelle d'entre elles se manifeste dans notre réalité observée. La complémentarité nous enseigne que la réalité quantique transcende nos catégories classiques et exige une logique plus subtile, qui embrasse le paradoxe.

Cette danse quantique entre onde et particule, cette complémentarité d'opposés apparents, résonne profondément avec les intuitions de diverses traditions spirituelles et philosophiques. Le symbole du Yin et du Yang dans le taoïsme, par exemple, représente l'interaction dynamique de forces opposées (féminin/masculin, obscurité/lumière, passif/actif) qui, ensemble, forment un tout équilibré et complet. L'une n'existe pas sans l'autre ; elles se définissent mutuellement et se transforment l'une en l'autre. La dualité onde-particule peut être vue comme un reflet de cette sagesse ancestrale au cœur de la matière : la réalité fondamentale n'est pas faite d'oppositions rigides, mais de polarités complémentaires qui s'intègrent dans une unité plus grande. Le paradoxe n'est pas un signe d'erreur, mais peut-être un aperçu de la nature plus profonde des choses.

De plus, la dualité onde-particule et l'expérience de la double fente suggèrent fortement que notre perception de la réalité n'est pas passive, mais active. La réalité qui se manifeste semble dépendre de la perspective de l'observateur, du type d'interaction que nous établissons avec elle. Ce que nous cherchons influence ce que nous trouvons. Cela fait écho aux enseignements spirituels qui soulignent le pouvoir de l'esprit et de l'intention dans le façonnage de l'expérience. "La réalité est un reflet de la perception", disent certains maîtres. Si nous nous concentrons sur les aspects diviseurs et limitants (comme observer la particule dans une seule fente), peut-être expérimentons-nous une réalité fragmentée. Si nous nous ouvrons à la possibilité d'interconnexion et de potentialité (permettant à l'onde de se manifester), peut-être pouvons-nous accéder à une réalité plus fluide et unifiée.

Enfin, nous pouvons utiliser la dualité onde-particule comme une métaphore puissante pour notre propre nature. Tout comme un électron peut être, paradoxalement, une particule localisée et une onde étendue, peut-être sommes-nous aussi des êtres doubles. Nous avons un aspect de particule : notre corps physique, localisé dans l'espace et le temps, soumis aux lois de la biologie et de la physique classique. Mais peut-être avons-nous aussi un aspect d'onde : notre conscience, notre énergie vitale, notre esprit, qui peut ne pas être strictement confiné aux limites du corps, qui peut s'étendre, se connecter, vibrer en résonance avec le champ universel. Nous sommes, peut-être, simultanément matière et esprit, forme et potentialité, individu et partie du tout. La physique quantique, en nous montrant cette dualité au cœur de la matière, nous invite à reconnaître et à embrasser la complexité et la richesse de notre propre existence en tant qu'êtres "onde-particule", ponts entre le visible et l'invisible, le fini et l'infini. L'acceptation de ce paradoxe intérieur peut être une étape fondamentale dans notre voyage d'intégration et de connaissance de soi.

Chapitre 7
Incertitude Quantique

Le voyage à travers le territoire quantique nous confronte à plusieurs reprises à l'inadéquation de notre intuition classique. L'énergie se présente sous forme de paquets discrets, la matière et la lumière dansent entre les états d'onde et de particule, et la réalité elle-même semble répondre à la manière dont nous l'observons. Comme si cela ne suffisait pas, la révolution quantique nous a offert un autre principe fondamental qui ébranle nos notions d'ordre et de prévisibilité : le Principe d'Incertitude.

Formulé par le physicien allemand Werner Heisenberg en 1927, il établit une limite fondamentale et infranchissable à la précision avec laquelle nous pouvons connaître simultanément certaines propriétés d'une particule quantique. Loin d'être une simple limitation technique de nos instruments de mesure, l'incertitude révèle une caractéristique intrinsèque, une sorte de "brouillard" fondamental tissé dans la structure même de la réalité subatomique.

Le principe de Heisenberg affirme spécifiquement qu'il existe une relation inverse entre la précision avec laquelle nous pouvons déterminer des paires de propriétés complémentaires (ou conjuguées) d'une particule. La paire la plus célèbre est la position et le moment (qui est la masse multipliée par la vitesse, indiquant où et à quelle vitesse la particule se déplace). Plus nous déterminons précisément la position d'une particule quantique, comme un électron, moins nous pouvons connaître précisément son moment, et vice-versa. Si nous savons exactement où l'électron se trouve *maintenant*, nous aurons une incertitude fondamentale sur la direction où il va. Si nous savons exactement où il va (son moment), nous ne pourrons pas savoir avec une précision absolue où il se trouve. Il y a une limite minimale au produit des incertitudes de ces deux grandeurs, une limite imposée par la nature elle-même, représentée par la constante de Planck (un nombre extrêmement petit, mais non nul). Il en va de même pour d'autres paires de variables conjuguées, comme l'énergie et le temps.

Initialement, Heisenberg lui-même tenta d'expliquer cette incertitude à travers une expérience de pensée impliquant un microscope à rayons gamma. Pour "voir" un électron et déterminer sa position avec une grande précision, il faudrait utiliser une lumière de très courte longueur d'onde (comme les rayons gamma). Cependant, les photons de rayons gamma sont très énergétiques et, en entrant en collision avec l'électron pour révéler sa position, ils lui transféreraient inévitablement une quantité imprévisible de moment, modifiant sa vitesse de manière incontrôlable. Cela suggérait que l'acte même de mesurer perturbait le système de manière fondamentale, introduisant l'incertitude.

Cette interprétation, axée sur la perturbation causée par la mesure, fut utile, mais nous comprenons aujourd'hui que l'incertitude quantique a une racine encore plus profonde. L'incertitude n'apparaît pas seulement parce que nos mesures sont "maladroites". Elle reflète une propriété intrinsèque de la nature quantique des particules. Avant une mesure, une particule quantique comme un électron ne *possède* pas simultanément une position et un moment bien définis, au sens classique. Elle existe dans un état de superposition, une combinaison de multiples possibilités, décrite par la fonction d'onde. La fonction d'onde n'est pas une image de la particule elle-même, mais plutôt une représentation mathématique de son état potentiel, un champ de probabilités étalé dans l'espace. Elle contient des informations sur les probabilités de trouver la particule à différentes positions ou avec différents moments, si une mesure est effectuée. L'incertitude inhérente exprimée par le principe de Heisenberg est une conséquence directe de cette nature ondulatoire et probabiliste. La particule n'a pas de propriétés définies *jusqu'à* ce qu'une interaction (mesure) la force à "choisir" un état particulier parmi les possibilités contenues dans sa fonction d'onde, et même alors, ce choix respecte la limite fondamentale d'incertitude entre propriétés conjuguées. La réalité quantique est intrinsèquement "diffuse", potentielle, indéfinie, jusqu'au moment de l'interaction.

Cette constatation a représenté un autre coup dévastateur pour la vision déterministe du monde de la physique classique. S'il est impossible, par principe, de connaître avec une précision absolue l'état présent d'une particule (sa position et son moment exacts), alors il devient impossible de prédire avec une certitude absolue son état futur. Les lois de la mécanique quantique nous permettent de calculer avec une grande précision comment la *probabilité* de trouver la particule dans différents états évolue au fil du temps, mais elles ne peuvent pas prédire le résultat d'une mesure unique spécifique. L'univers, à son niveau le plus fondamental, ne fonctionne pas comme une horloge parfaitement prévisible, mais plutôt comme un jeu cosmique où le hasard et la probabilité jouent un rôle irréductible. La nature semble avoir une spontanéité, une liberté intrinsèque, qui échappe au déterminisme rigide.

Cette incertitude fondamentale à la base de la matière résonne profondément avec notre expérience de la vie et avec les réflexions philosophiques et spirituelles sur la liberté et le destin. La vie humaine est intrinsèquement incertaine. Nous faisons des plans, mais des imprévus surviennent. L'avenir se déroule de manières qui nous surprennent souvent. Peut-être que cette incertitude qui imprègne notre existence n'est pas seulement une faille dans notre capacité à prévoir ou à contrôler, mais un reflet de la nature plus profonde d'un univers qui est, en lui-même, fluide et ouvert.

L'incertitude quantique défie la notion d'un avenir complètement prédéterminé. Si même le comportement des particules fondamentales n'est pas strictement fixé, cela ouvre un espace conceptuel pour la possibilité d'une liberté authentique, de créativité et de nouveauté dans l'univers. La vieille question du libre arbitre versus déterminisme acquiert une nouvelle perspective. Si l'avenir n'est pas gravé dans le marbre des lois de la physique, peut-être nos choix conscients peuvent-ils réellement influencer le cours des événements. L'univers quantique ressemble moins à une machine exécutant un programme prédéfini et plus à une œuvre d'art en constante création, un champ de potentialités se déployant. Cette image d'un cosmos créatif et ouvert s'aligne beaucoup plus avec les visions spirituelles d'un univers vivant, évolutif et imprégné de conscience qu'avec l'image froide et mécanique du passé.

Plus intrigant encore, ce "jeu" dans la réalité, cette marge d'indétermination au niveau quantique, soulève une question fascinante : se pourrait-il que ce soit dans cet espace d'incertitude que la conscience exerce son influence ? Si les résultats quantiques ne sont pas toujours strictement déterminés par les conditions antérieures, mais plutôt choisis au sein d'un spectre de probabilités, qu'est-ce qui ou qui influence ce choix ? Certains penseurs spéculent que la conscience, par l'intention focalisée ou l'acte même d'observation, pourrait agir subtilement à ce niveau fondamental, peut-être en "inclinant" les probabilités en faveur de certains résultats. Si la nature laisse une porte entrouverte sous forme d'incertitude, peut-être la conscience est-elle la clé qui peut tourner la poignée, participant activement à la manifestation de la réalité à partir du champ de potentialités. Cette idée, bien qu'encore spéculative et hors du consensus scientifique principal, fournit une base conceptuelle intrigante pour explorer des phénomènes tels que le pouvoir de l'intention et la manifestation, que nous discuterons plus loin. Elle suggère que la connexion entre esprit et matière pourrait se produire justement dans ce domaine subtil où la rigidité classique se dissout dans la flexibilité quantique.

Par conséquent, le Principe d'Incertitude de Heisenberg ne doit pas être vu seulement comme une limitation frustrante de notre connaissance, mais plutôt comme une révélation profonde sur la nature de la réalité. Il nous dit que l'univers, à sa base, n'est pas fait de certitudes fixes, mais de potentialités vibrantes. L'incertitude n'est pas un défaut, mais peut-être la condition même de la liberté, de la créativité et de l'évolution. Elle remplace l'image d'un univers statique et prévisible par celle d'un cosmos dynamique, participatif et plein de possibilités. En embrassant l'incertitude, non seulement nous nous alignons sur la description la plus précise que la science a du monde subatomique, mais nous nous ouvrons aussi à une vision plus pleine d'espoir et responsabilisante de notre propre rôle au sein de cette danse cosmique d'énergie, de conscience et de potentiel infini.

Chapitre 8
L'Observateur

La physique classique nous a légué l'image réconfortante d'un observateur neutre, un spectateur idéal qui pourrait étudier l'univers sans l'affecter, comme quelqu'un regardant un film sur un écran distant. Les lois de la nature se dérouleraient de la même manière, que nous regardions ou non. Nos mesures ne seraient que des lectures passives d'une réalité préexistante et indépendante. Cependant, en plongeant dans les profondeurs du royaume quantique, cette image familière se désintègre complètement. La mécanique quantique nous confronte à l'une de ses implications les plus déconcertantes et profondes : l'observateur n'est pas un simple spectateur, mais bien un participant actif, dont l'acte même d'observer semble jouer un rôle crucial dans la détermination de ce qui est réel. La ligne entre celui qui observe et ce qui est observé devient étonnamment ténue.

Rappelons-nous l'intrigante expérience de la double fente. Lorsque nous permettons aux électrons de voyager de la source à l'écran détecteur sans essayer d'espionner par quelle fente ils passent, ils se comportent comme des ondes, créant une figure d'interférence qui suggère que chaque électron est passé par les deux fentes simultanément. Cependant, au moment où nous introduisons un détecteur pour enregistrer quelle fente chaque électron traverse, le comportement change radicalement. La figure d'interférence disparaît, et les électrons se comportent comme des particules bien sages, passant par une fente ou par l'autre, résultant en deux bandes sur l'écran. Le résultat final de l'expérience dépend fondamentalement de *si* et *comment* nous choisissons d'observer le système. L'observation n'est pas un acte passif d'enregistrement de ce qui est là ; elle semble influencer activement ce qui *sera* là. Observer change le résultat.

Ce phénomène, connu génériquement sous le nom d'"effet de l'observateur", n'est pas une anomalie isolée, mais une caractéristique centrale et inéluctable du monde quantique. Cela nous amène au cœur de ce qu'on appelle le "problème de la mesure" en mécanique quantique, une question qui hante physiciens et philosophes depuis près d'un siècle. Qu'est-ce qui, exactement, constitue une "mesure" ou une "observation" capable de transformer les potentialités quantiques (décrites par la fonction d'onde) en une réalité définie et concrète ? S'agit-il de toute interaction physique avec un système macroscopique ? S'agit-il de la création d'un enregistrement irréversible de l'information ? Ou, comme certains ont osé le suggérer, faudrait-il l'implication d'un esprit conscient ?

La théorie quantique standard décrit l'évolution douce et déterministe de la fonction d'onde (potentialités) par l'équation de Schrödinger, mais postule un second type de processus, abrupt et probabiliste – l'"effondrement" de la fonction d'onde – qui se produit lors de la mesure, sélectionnant un résultat spécifique. La nature exacte de cet effondrement et le rôle de l'observateur en son sein restent des sujets d'intense débat et interprétation.

L'interprétation de Copenhague, associée principalement à Niels Bohr et Werner Heisenberg, adopte une posture pragmatique et quelque peu radicale. Pour eux, avant qu'une mesure ne soit effectuée, il n'est pas pertinent de parler des propriétés d'un système quantique comme si elles avaient une existence réelle et définie. L'électron n'a *pas* de position spécifique avant que nous ne la mesurions ; il n'existe que comme une superposition de possibilités décrite par la fonction d'onde. C'est l'acte d'interagir avec le système par le biais d'un appareil de mesure (qui, à son tour, doit être décrit en termes classiques) qui force la nature à "choisir" une valeur spécifique parmi les possibilités, la rendant réelle pour nous. La réalité, en ce sens, n'est pas quelque chose que nous découvrons passivement, mais quelque chose que nous aidons à faire exister par nos questions (expériences) et observations. Le monde quantique est un monde de potentialités qui s'actualisent en réalité concrète au moment de l'interaction observationnelle.

Le célèbre physicien John Archibald Wheeler a poussé cette idée à une conclusion encore plus provocante avec son concept d'"univers participatif". Wheeler a suggéré que la réalité physique et la conscience des observateurs sont liées d'une manière beaucoup plus profonde que nous ne l'imaginons. Il a utilisé l'analogie d'un jeu de "vingt questions surprise", où une personne sort de la pièce et les autres choisissent un mot. Lorsque la personne revient et commence à poser des questions par oui ou non, les autres répondent de manière cohérente, mais sans avoir choisi de mot spécifique au préalable – le mot émerge progressivement des questions posées et des réponses données. De même, Wheeler a spéculé que l'univers, à ses débuts ou même maintenant à l'échelle quantique, pourrait être indéfini jusqu'à ce que des actes d'observation réalisés par des participants conscients (comme nous) le forcent à assumer des formes et des histoires définies. "Aucune propriété n'est une propriété réelle (enregistrée) à moins qu'elle ne soit une propriété observée", affirmait-il. Dans cette vision audacieuse, nous ne sommes pas de simples habitants tardifs d'un univers préexistant ; nous sommes des participants essentiels à un processus continu de co-création de la réalité elle-même. L'univers deviendrait réel, en un certain sens, parce que nous l'observons.

Ce changement de perspective – de spectateurs passifs à participants actifs – représente une transformation philosophique monumentale. Il défie la notion d'une séparation absolue entre sujet et objet, entre esprit et monde. Si nos observations aident à définir la réalité, alors nous sommes intrinsèquement entrelacés avec le cosmos d'une manière que la physique classique n'a jamais envisagée. Nous faisons partie intégrante du système que nous observons, nous ne sommes pas des entités externes et isolées.

Cette idée de participation consciente à la création de la réalité trouve des échos puissants dans d'innombrables traditions spirituelles et métaphysiques. De nombreux enseignements ancestraux affirment que notre conscience n'est pas seulement un miroir passif du monde, mais une force créatrice. "L'univers est mental", proclame l'un des principes hermétiques. "Avec nos pensées, nous créons le monde", enseignait Bouddha. De nombreuses pratiques spirituelles reposent sur la prémisse que nos états internes – nos croyances, intentions, émotions, foyers d'attention – façonnent activement la qualité de notre expérience et les circonstances que nous rencontrons dans la vie. La synchronicité, la loi de l'attraction, le pouvoir de la prière – tous ces concepts pointent vers une connexion profonde entre notre conscience et les événements du monde extérieur. L'effet de l'observateur en physique quantique, bien qu'opérant à un niveau différent et encore non totalement compris dans sa relation avec la conscience humaine, fournit un parallèle scientifique intrigant et une possible base sous-jacente pour ces anciennes intuitions spirituelles. Il suggère que la frontière entre l'"interne" et l'"externe" pourrait être plus poreuse que nous ne le pensions.

Nous pouvons réfléchir à cela avec des analogies simples. La vieille question philosophique : "Si un arbre tombe dans la forêt et qu'il n'y a personne pour l'entendre, fait-il du bruit ?" La physique classique dirait oui, car les ondes de pression sont générées dans l'air indépendamment d'une oreille. La perspective quantique, poussée à son implication participative, pourrait suggérer que la "qualité d'être son" (l'expérience subjective du son) ou peut-être même la définition de l'événement comme "chute d'arbre avec production d'ondes de pression" ne devient concrète que lorsqu'il y a une interaction, une observation, un enregistrement. Sans un observateur (que ce soit une oreille humaine, un microphone ou un autre détecteur), l'événement reste peut-être dans un état de potentialité.

Nous vous invitons, lecteur, à réfléchir : combien de fois avez-vous remarqué que votre état d'esprit semble "colorer" le monde autour de vous ? Combien de fois un changement dans votre attitude ou votre focus a-t-il semblé coïncider avec un changement dans les circonstances externes ? Ces expériences pourraient-elles être des aperçus de notre participation quantique à la réalité ?

Si nous acceptons, même partiellement, cette idée d'un univers participatif, cela entraîne une implication importante : la responsabilité. Si nous ne sommes pas de simples spectateurs, mais des co-créateurs, alors la qualité de notre observation, la nature de notre conscience, importe. La manière dont nous regardons le monde, les questions que nous posons, les intentions que nous maintenons – tout cela peut contribuer à la réalité qui se manifeste. Cela fait écho aux concepts spirituels de responsabilité karmique ou à l'éthique de cultiver des pensées et des émotions positives, non seulement pour notre bien-être intérieur, mais peut-être pour le bien du tissu même de la réalité que nous partageons.

En somme, le rôle de l'observateur en mécanique quantique sert de pont fascinant entre le monde objectif de la physique et le monde subjectif de la conscience. Il nous montre qu'observer n'est pas un acte neutre, mais une interaction dynamique qui participe à la définition de la réalité elle-même. Cette compréhension nous défie d'abandonner la posture de victimes passives des circonstances et d'embrasser notre potentiel en tant qu'agents conscients dans un univers qui semble répondre à notre présence. Qui sommes-nous, après tout, sinon des observateurs participatifs dans cette grande danse cosmique ? Cette question nous pousse à enquêter plus avant sur le mécanisme par lequel l'observation semble transformer la potentialité en actualité, le mystérieux processus connu sous le nom d'effondrement de la fonction d'onde.

Chapitre 9
Effondrement de l'Onde

Si l'acte d'observer semble avoir le pouvoir de transformer la nature fantomatique et probabiliste du monde quantique en la réalité concrète que nous expérimentons, la question se pose inévitablement : comment cela se produit-il exactement ? Quel est le mécanisme derrière cette transition magique de la potentialité à l'actualité ? La mécanique quantique décrit ce processus à travers le concept d'"effondrement de la fonction d'onde" (ou réduction du vecteur d'état), l'un des aspects les plus débattus et philosophiquement chargés de toute la théorie. C'est ici, à la frontière entre le possible et le réel, que la connexion entre l'univers physique et la conscience devient particulièrement intrigante et controversée.

D'abord, nous devons approfondir notre compréhension de l'état quantique avant la mesure. Comme mentionné, une particule ou un système quantique, lorsqu'il n'est pas observé ou n'interagit pas de manière à définir ses propriétés, existe dans un état de *superposition*. Cela signifie qu'il n'est pas dans un unique état défini (comme "ici" ou "là", "tournant vers le haut" ou "tournant vers le bas"), mais plutôt dans une combinaison de tous les états possibles simultanément, chacun avec une certaine probabilité associée. La fonction d'onde est la description mathématique de cette superposition, contenant toutes les potentialités du système. Ce n'est pas que la particule *est* à un endroit défini et que nous ne savons simplement pas où ; la propriété même d'avoir une position définie n'existe pas pour la particule à ce moment-là. Elle est, littéralement, dans un état de potentialité multiple. Imaginez une pièce de monnaie tournant en l'air avant de tomber : pendant qu'elle tourne, elle n'est ni pile ni face, mais un mélange potentiel des deux. La superposition quantique est une version encore plus fondamentale de cette indéfinition.

Alors, que se passe-t-il au moment de la mesure ? Selon l'interprétation standard de la mécanique quantique, l'acte de mesurer une propriété spécifique du système (sa position, son moment, son spin) provoque un événement abrupt et discontinu : la fonction d'onde "s'effondre". Toute la superposition de possibilités disparaît instantanément, et *un seul* des résultats possibles se manifeste comme l'état réel et observable du système. Quel résultat spécifique émergera lors d'une mesure unique est intrinsèquement probabiliste – les chances sont données par la fonction d'onde elle-même (plus spécifiquement, par le carré de son amplitude) – mais, une fois la mesure effectuée, le système "saute" vers cet état particulier. L'indéfinition cède la place à la définition ; la potentialité se concrétise en actualité. L'électron qui était un nuage de probabilité a maintenant une position détectée ; l'atome qui était en superposition de désintégré et non désintégré est maintenant trouvé dans l'un de ces deux états.

Pour illustrer à quel point cette idée peut sembler bizarre, surtout lorsqu'elle est extrapolée du monde microscopique à notre monde quotidien, le physicien Erwin Schrödinger a conçu sa célèbre expérience de pensée du Chat de Schrödinger, vers 1935. Imaginez un chat enfermé dans une boîte en acier, avec un dispositif infernal : un compteur Geiger contenant une quantité minuscule de substance radioactive, si petite que peut-être, au cours d'une heure, un atome se désintègre, mais avec une probabilité égale, peut-être aucun ne se désintègre. Si un atome se désintègre, le compteur le détecte et actionne un relais qui libère un marteau, brisant un petit flacon d'acide cyanhydrique, un poison mortel. Si aucun atome ne se désintègre, rien ne se passe et le chat reste vivant.

La question est : quel est l'état du chat *avant* que nous ouvrions la boîte et regardions, après une heure écoulée ? Selon la logique quantique, l'atome radioactif, n'ayant pas été observé, est dans une superposition de "désintégré" ET "non désintégré". Si l'état de l'atome est en superposition, alors tout le système qui lui est couplé – le détecteur, le marteau, le poison et, par conséquent, le chat lui-même – devrait également être en superposition. Le chat serait simultanément *vivant ET mort* jusqu'à ce que quelqu'un ouvre la boîte et effectue une observation, effondrant la fonction d'onde du système entier vers l'un des deux états définis : chat vivant ou chat mort.

Il est important de noter que Schrödinger n'a pas proposé ce scénario parce qu'il croyait que des chats macroscopiques pouvaient réellement exister dans cet état paradoxal. Il l'a fait pour souligner ce qu'il considérait comme une absurdité dans les implications de l'interprétation de Copenhague lorsqu'elle était appliquée à de grands systèmes. Où et comment se termine la superposition quantique et commence la réalité classique définie que nous expérimentons ? Le Chat de Schrödinger dramatise le problème de la mesure et la question de l'effondrement de la fonction d'onde de manière inoubliable.

Mais la question persiste : qu'est-ce qui, au final, provoque l'effondrement ? Ici, les interprétations divergent radicalement, et nous entrons dans un territoire où la physique touche à la métaphysique.

Une ligne de pensée cherche des explications purement physiques, objectives, pour l'effondrement, sans invoquer la conscience. Les théories d'*effondrement objectif* proposent que la fonction d'onde s'effondre spontanément sous certaines conditions physiques, peut-être liées à la taille ou à la complexité du système, ou peut-être en raison de nouvelles lois physiques encore inconnues. Une autre approche populaire est celle de la *décohérence environnementale*. Elle soutient qu'un système quantique n'est jamais vraiment isolé ; il interagit constamment avec son environnement (molécules d'air, photons de fond, etc.). Ces interactions font que l'information sur la superposition du système "fuit" rapidement dans l'environnement de manière intriquée et irrécupérable, faisant *paraître* le système comme s'il s'était effondré pour un observateur local, même si la superposition existe toujours dans le système combiné (système + environnement). La décohérence explique pourquoi nous ne voyons pas de superpositions macroscopiques comme le chat de Schrödinger dans notre monde quotidien, mais ne résout pas complètement le problème fondamental de savoir pourquoi nous obtenons *un* résultat spécifique plutôt qu'un autre lors d'une mesure.

Une autre ligne d'interprétation, beaucoup plus controversée mais profondément intrigante, suggère que la *conscience* joue un rôle essentiel et irréductible dans l'effondrement de la fonction d'onde. Des physiciens notables comme John von Neumann et Eugene Wigner ont exploré cette possibilité. Ils ont argumenté que la chaîne de mesure (particule -> détecteur -> ordinateur -> œil du scientifique -> cerveau du scientifique) pourrait, en principe, être décrite par la mécanique quantique elle-même, restant en superposition jusqu'à atteindre le point final : la conscience subjective de l'observateur. Serait-ce l'esprit conscient, par sa nature non réductible à la physique connue, l'agent final qui sélectionne une possibilité et la rend réelle ? Dans cette vision, connue sous le nom de "Consciousness Causes Collapse" (CCC), l'univers resterait dans un état de potentialité multiple jusqu'à ce qu'un esprit conscient l'observe, forçant la réalité à se définir. Bien que cette hypothèse ne soit pas largement acceptée par la communauté scientifique dominante (en raison de la difficulté à la tester et de ses implications philosophiques radicales), elle demeure une possibilité fascinante à la frontière entre physique et philosophie de l'esprit.

Indépendamment de l'interprétation correcte (ou si la réponse est quelque chose de complètement différent), la dynamique quantique de superposition et d'effondrement offre une métaphore puissante pour notre propre vie et notre pouvoir de choix. Nous pouvons penser à notre avenir non pas comme un chemin unique et prédéterminé, mais comme un vaste champ de potentialités, une "fonction d'onde" de possibilités de vie. Chaque carrefour, chaque décision consciente que nous prenons, peut être vu comme un acte de "mesure" qui "effondre" ce champ de potentialités en une trajectoire spécifique. Notre attention focalisée, nos intentions claires, nos croyances profondes – tout cela pourrait être analogue à l'acte d'observation quantique, sélectionnant et actualisant certaines réalités au détriment d'autres. Si la réalité fondamentale est faite de possibilités attendant d'être actualisées par l'interaction, peut-être notre conscience est-elle l'outil le plus puissant que nous ayons pour participer activement à ce processus de création. L'idée spirituelle selon laquelle "nous créons notre propre réalité" par nos pensées et nos choix trouve un écho surprenant dans la manière dont la physique quantique décrit l'émergence de la réalité concrète à partir du monde potentiel. L'effondrement de la fonction d'onde, loin d'être seulement un concept abstrait de la physique, pourrait être un aperçu du mécanisme même par lequel la conscience et l'univers dansent ensemble dans la création de l'expérience moment après moment.

Chapitre 10
Non-Localité

Si les concepts de quantification, de dualité onde-particule et d'incertitude nous ont déjà semblé défier l'intuition classique, la mécanique quantique nous réserve une surprise encore plus radicale, une propriété qui semble violer nos notions les plus fondamentales sur l'espace, le temps et la causalité : la non-localité.

Le principe de localité, profondément enraciné dans notre expérience quotidienne et dans la physique classique, affirme qu'un objet ne peut être influencé directement que par son environnement immédiat. Pour que A affecte B, il faut qu'il y ait une sorte d'interaction physique voyageant de A à B à travers l'espace, que ce soit une collision, une force ou une onde, et cette influence ne peut pas voyager plus vite que la vitesse de la lumière. La non-localité quantique défie cette prémisse, suggérant que des événements en des lieux différents peuvent être connectés de manière instantanée, corrélés d'une manière qui transcende les limitations spatiales, comme si la distance entre eux n'avait tout simplement pas d'importance.

Cette idée était si perturbante que même Albert Einstein, l'un des pères fondateurs de la révolution quantique, s'en sentit profondément dérangé. En 1935, avec ses collègues Boris Podolsky et Nathan Rosen, Einstein publia un célèbre article présentant ce qui est devenu connu sous le nom de paradoxe EPR. Ils imaginèrent un scénario impliquant une paire de particules créées ensemble de telle sorte que leurs états soient intrinsèquement liés – un phénomène que nous appelons aujourd'hui *intrication quantique* (ou enchevêtrement). Par exemple, nous pourrions avoir une paire de particules dont le spin total est nul, de sorte que si l'une a un spin "vers le haut", l'autre aura obligatoirement un spin "vers le bas", et vice-versa. La mécanique quantique affirme qu'avant la mesure, aucune des particules n'a de spin défini ; les deux sont en superposition de "haut" et "bas". Maintenant, imaginez que nous séparons ces deux particules intriquées par une distance énorme, peut-être des années-lumière. Si nous mesurons le spin de la particule A et découvrons qu'il est "vers le haut", la théorie quantique prédit que nous saurons *instantanément* que le spin de la particule B est "vers le bas", même si B se trouve de l'autre côté de la galaxie.

Pour Einstein, Podolsky et Rosen, cette connexion instantanée à distance était inacceptable. Elle semblait violer la limite de vitesse cosmique établie par la propre théorie de la relativité d'Einstein, qui affirme qu'aucune information ou influence ne peut voyager plus vite que la vitesse de la lumière. Si mesurer A *causait* réellement l'état de B instantanément, ce serait une "action fantomatique à distance" ("spukhafte Fernwirkung", selon la célèbre expression d'Einstein). Ils argumentèrent que la mécanique quantique devait être incomplète. Il devait y avoir une "variable cachée", une propriété prédéterminée localement dans chaque particule depuis le moment de sa création, qui déterminerait le résultat de la mesure, et la corrélation observée ne serait que le reflet de ces instructions préexistantes, pas une influence instantanée. Apparemment, la mécanique quantique décrivait une connexion plus profonde que la réalité ne le permettait.

Pendant des décennies, le paradoxe EPR est resté davantage un débat philosophique sur l'interprétation de la mécanique quantique qu'une question expérimentalement vérifiable. Cela a changé radicalement dans les années 1960, lorsque le physicien nord-irlandais John Bell a développé un théorème mathématique brillant. Le Théorème de Bell (et ses généralisations, connues sous le nom d'inégalités de Bell) a fourni un moyen de tester expérimentalement si la réalité fonctionne selon le principe de localité et des variables cachées préféré par Einstein, ou si les connexions non-locales prédites par la mécanique quantique sont réelles. Bell a montré que, sous certaines conditions expérimentales impliquant des particules intriquées, toute théorie basée sur des variables cachées locales prédirait une limite maximale pour les corrélations entre les mesures effectuées sur les particules séparées. La mécanique quantique, en revanche, prédisait des corrélations plus fortes, qui violeraient cette limite (les inégalités de Bell). La nature devait choisir : soit Einstein avait raison (localité et réalisme), soit la mécanique quantique avait raison (non-localité).

La réponse expérimentale est venue de manière percutante dans les décennies suivantes, culminant avec les expériences pionnières du physicien français Alain Aspect et de son équipe au début des années 1980. Ils ont réalisé des tests sophistiqués mesurant les propriétés (polarisation) de paires de photons intriqués envoyés dans des directions opposées vers des détecteurs distants. Les résultats furent sans équivoque : les corrélations observées entre les photons violaient constamment les inégalités de Bell, exactement comme prévu par la mécanique quantique. Des expériences ultérieures, avec des technologies encore plus avancées et comblant d'éventuelles lacunes, ont confirmé à plusieurs reprises ces résultats. La conclusion est inéluctable : l'"action fantomatique à distance" d'Einstein est réelle. La nature, à son niveau le plus fondamental, est non-locale.

Qu'est-ce que cela signifie ? D'abord, il est important de clarifier ce que la non-localité ne *signifie pas*. Bien que les corrélations entre particules intriquées soient instantanées, on pense qu'elles ne peuvent pas être utilisées pour transmettre de l'information classique (comme un message) plus vite que la lumière. Le résultat de chaque mesure individuelle sur l'une des particules reste intrinsèquement aléatoire ; c'est seulement dans la comparaison ultérieure des résultats des deux particules que la corrélation non-locale se révèle. Par conséquent, la non-localité ne semble pas violer le principe de causalité de la relativité au sens de permettre une communication instantanée contrôlée.

Cependant, les implications philosophiques et conceptuelles de la non-localité sont immenses. Elle nous dit que l'univers n'est pas une collection d'objets isolés interagissant uniquement avec leurs voisins immédiats. Il existe un niveau plus profond de réalité où la séparation spatiale perd sa signification absolue. Les parties d'un système qui ont interagi dans le passé peuvent rester connectées comme un tout unifié, peu importe à quelle distance elles se trouvent. La non-localité suggère un univers intrinsèquement holistique, interconnecté, où la notion de parties séparées est, en un certain sens, une illusion superficielle. Le tissu de la réalité semble avoir des connexions cachées qui transcendent l'espace et le temps tels que nous les concevons classiquement.

Cette découverte scientifique d'une interconnexion fondamentale qui défie la distance résonne de manière extraordinaire avec l'un des thèmes centraux de pratiquement toutes les traditions spirituelles et mystiques de l'humanité : l'idée d'Unité, que "tout est interconnecté". Des enseignements védiques sur Brahman (la réalité unique sous-jacente à toute manifestation) et du bouddhisme sur l'interdépendance de tous les phénomènes, jusqu'aux visions des mystiques chrétiens sur le Corps Mystique du Christ et aux philosophies indigènes qui voient une toile de vie reliant tous les êtres, la perception intuitive d'une unité fondamentale au-delà des apparences a toujours été présente. La non-localité quantique offre, pour la première fois, un aperçu scientifique de cette profonde interconnexion.

De plus, la non-localité ouvre un espace conceptuel pour considérer des phénomènes qui semblent opérer au-delà des limitations physiques connues. Des expériences comme la télépathie (l'apparente communication directe d'esprit à esprit, sans moyens sensoriels connus), la sensation de savoir qu'un être cher distant est en danger, ou l'efficacité alléguée de la prière ou de l'intention de guérison à distance – tout cela semble moins invraisemblable dans un univers qui admet des connexions non-locales. Il ne s'agit pas de dire que la physique quantique *prouve* ces phénomènes, car les mécanismes (s'ils existent) sont inconnus et impliquent probablement la complexité de la conscience de manières que nous ne comprenons pas encore. Cependant, la non-localité démontre que la nature elle-même opère de manières qui défient la séparation spatiale, rendant la possibilité de connexions subtiles entre consciences ou entre esprit et matière à distance un peu moins "fantaisiste" du point de vue scientifique.

En fin de compte, la non-localité quantique nous invite à abandonner l'illusion de la séparativité. Elle nous montre que l'idée d'être des individus isolés, confinés dans nos corps et séparés du reste de l'univers, pourrait n'être qu'une perspective limitée. À un niveau plus profond, peut-être sommes-nous tous intrinsèquement connectés, parties d'un même tout indivisible. Reconnaître cette interconnexion fondamentale, maintenant suggérée non seulement par l'intuition spirituelle mais aussi par les découvertes de la physique de pointe, peut avoir des implications profondes sur la façon dont nous nous lions les uns aux autres et à la planète. La non-localité est une fenêtre sur un univers plus uni, plus mystérieux et plus magique que nous ne l'avions jamais imaginé, un univers où la distance pourrait ne pas être la barrière finale que nous pensions.

Chapitre 11
Intrication Quantique

La non-localité, cette connexion fantomatique qui défie la distance, n'est pas une propriété vague ou générique de l'univers quantique. Elle émerge d'un phénomène spécifique, peut-être le plus mystérieux et contre-intuitif de tous ceux découverts par la physique moderne : l'intrication quantique (ou enchevêtrement, de l'anglais *entanglement*). Si la non-localité nous dit *qu'*il existe des connexions instantanées, l'intrication nous montre *comment* ces connexions s'établissent et persistent, révélant un niveau d'interconnexion dans la nature qui frôle l'inconcevable. C'est un concept qui a conduit Einstein à questionner la complétude de la théorie quantique et qui continue de fasciner et d'intriguer scientifiques et philosophes, tout en résonnant profondément avec d'anciennes intuitions spirituelles sur l'unité fondamentale de l'existence.

Qu'est-ce donc que l'intrication ? Essentiellement, elle se produit lorsque deux particules quantiques ou plus interagissent de telle manière que leurs destins deviennent intrinsèquement liés, peu importe à quelle distance elles se trouveront par la suite. Elles cessent de pouvoir être décrites comme des entités individuelles avec leurs propres états quantiques indépendants. Au lieu de cela, elles constituent un système unique unifié, décrit par une seule fonction d'onde partagée. C'est comme si, après l'interaction initiale, elles perdaient leur individualité et devenaient des parties inséparables d'un tout plus grand.

La caractéristique cruciale de cet état intriqué est la corrélation parfaite et instantanée entre les propriétés des particules. Reprenons l'exemple des spins. Nous pouvons créer des paires de particules (comme des électrons ou des photons) de sorte que le spin total de la paire soit nul. Cela signifie que, si nous mesurons le spin d'une particule dans une direction donnée et le trouvons "vers le haut", le spin de l'autre particule, mesuré dans la même direction, sera *obligatoirement* "vers le bas", et vice-versa. Avant la mesure, aucune des particules n'a de spin défini ; les deux sont en superposition. Mais leurs états potentiels sont parfaitement corrélés par la loi de conservation du spin total. Lorsque nous mesurons l'une d'elles, la forçant à "choisir" un état (par exemple, "vers le haut"), l'autre particule, instantanément et sans aucune communication apparente, "sait" qu'elle doit manifester l'état opposé ("vers le bas"), même si elle se trouve à des années-lumière de distance. Elles agissent à l'unisson, comme si elles étaient une seule entité répondant à la mesure.

Pour tenter de rendre cette idée un peu plus palpable, nous pouvons utiliser quelques analogies, bien qu'aucune ne soit parfaite. Imaginez une paire de pièces "magiques" qui, lorsqu'elles sont lancées simultanément, sont intriquées de sorte qu'elles tombent toujours sur des faces opposées. Si vous prenez une pièce, voyagez dans une autre ville, et en arrivant là-bas, vous vérifiez qu'elle est tombée sur "pile", vous saurez instantanément que l'autre pièce, dans la ville d'origine, est tombée sur "face". La corrélation est parfaite et l'information sur l'autre pièce est obtenue instantanément en observant la vôtre. Une autre analogie, bien que limitée car elle implique des propriétés prédéfinies, est celle des gants : si quelqu'un met un gant gauche dans une boîte et un gant droit dans une autre, mélange les boîtes et en envoie une à Tokyo et l'autre à São Paulo, au moment où le destinataire à Tokyo ouvre sa boîte et trouve le gant gauche, il sait instantanément que la boîte à São Paulo contient le gant droit. L'intrication quantique est similaire à cette corrélation, mais plus profonde, car les propriétés (comme le spin ou la polarisation) ne sont pas définies *avant* la mesure ; elles émergent lors de l'acte de mesure, mais toujours de manière parfaitement coordonnée entre les particules distantes. Les "particules jumelles" des expériences d'Alain Aspect, qui ont confirmé la non-localité, répondaient à l'unisson aux mesures de polarisation, comme si elles étaient liées par un fil invisible qui transcende l'espace.

    Cette connexion établie par l'intrication semble être robuste et durable. Une fois intriquées, les particules restent connectées en tant que partie d'un système unique, peu importe le temps qui passe ou la distance parcourue, jusqu'à ce qu'une interaction ultérieure (comme une mesure ou une interaction avec l'environnement) brise ce lien délicat. Cela défie notre conception des objets comme des entités indépendantes existant isolément dans l'espace. L'intrication suggère que l'individualité pourrait être secondaire par rapport à une connexion plus fondamentale.

Il est crucial de réitérer que, malgré l'instantanéité des corrélations, l'intrication ne semble pas permettre la transmission d'informations utiles (comme un message codé) plus rapidement que la lumière. Le résultat d'une mesure sur une seule particule de la paire intriquée reste aléatoire. C'est seulement lorsque nous comparons les résultats obtenus aux deux endroits (ce qui nécessite une communication classique, limitée par la vitesse de la lumière) que la corrélation "magique" se révèle. Par conséquent, il n'y a pas de violation de la causalité telle que nous la comprenons en relativité. L'intrication ne concerne pas la communication, mais la *corrélation* – une coordination intrinsèque et non-locale dans le comportement de la nature, un niveau caché d'ordre qui opère au-delà de nos notions habituelles d'espace et de temps. C'est comme si les particules intriquées lisaient la même partition musicale invisible, jouant leurs notes en parfaite harmonie et en temps voulu, même en étant sur des scènes différentes et sans communication apparente. Ou comme deux aiguilles d'une horloge cosmique parfaitement synchronisée, se déplaçant à l'unisson bien qu'étant des pièces distinctes.

Les résonances spirituelles et philosophiques de l'intrication sont vastes et profondes. Elle offre une métaphore scientifique puissante pour l'expérience humaine de connexion profonde qui semble transcender la distance physique. La sensation intuitive qu'une mère a à propos de son enfant éloigné, la connexion quasi télépathique entre jumeaux identiques ou âmes sœurs, le sentiment d'unité ressenti dans les moments d'amour profond ou de compassion – ces expériences pourraient-elles être des reflets, au niveau macroscopique et conscient, d'un principe d'intrication opérant à des niveaux plus subtils de l'existence ? Si des particules élémentaires peuvent maintenir un lien si intime à travers l'espace, peut-être nos consciences, qui émergent de cette même base quantique, partagent-elles aussi des connexions invisibles que nous commençons seulement à comprendre.

De plus, l'intrication renforce l'idée spirituelle d'une origine commune et d'une unité sous-jacente. Si tout l'univers a émergé d'un état initial extrêmement dense et chaud lors du Big Bang, alors toutes les particules qui constituent aujourd'hui les galaxies, les étoiles, les planètes et nous-mêmes ont été, à un moment donné, en proximité et interaction intimes. Pourrions-nous spéculer que, à un certain niveau fondamental, nous portons encore une trace de cette intrication primordiale ? Serions-nous tous, d'une certaine manière, de la "poussière d'étoiles intriquée", partageant des liens invisibles qui nous connectent les uns aux autres et au cosmos dans son ensemble ? Cette perspective scientifique confère une nouvelle dimension à l'ancienne sagesse selon laquelle "nous sommes tous un".

L'intrication quantique nous invite à contempler la nature de la réalité avec un profond sentiment d'admiration et de mystère. Elle suggère que l'univers est beaucoup plus interconnecté, non-local et holistique que notre perception quotidienne nous le laisse voir. Si des particules ayant interagi une fois peuvent rester connectées pour toujours, comme des fils invisibles tissant la tapisserie cosmique, cela nous amène à questionner la nature même de la séparation. Peut-être la distance est-elle une illusion, et la connexion la réalité fondamentale. Peut-être nos propres consciences sont-elles intriquées de manières que nous commençons à peine à imaginer, participant à un vaste réseau invisible d'information et d'influence qui imprègne tout l'univers. L'étude de l'intrication ne concerne pas seulement la physique des particules ; elle vise à dévoiler la nature de la connexion elle-même et de l'unité qui pourrait être au cœur de tout ce qui existe.

Chapitre 12
Unité Cosmique

À mesure que nous progressons dans notre exploration de la réalité sous l'angle de la physique quantique et de la spiritualité, les concepts que nous rencontrons – la nature énergétique de la matière, le mystère participatif de la conscience, le dépassement de la séparation entre matière et esprit, les connexions instantanées de la non-localité et les liens indissolubles de l'intrication – commencent à converger vers une image centrale, une vérité profonde qui résonne autant dans les équations des physiciens que dans les paroles des mystiques : l'Unité Cosmique. L'idée que l'univers, malgré sa diversité et son immensité apparentes, est fondamentalement un tout interconnecté, une seule entité indivisible, émerge non pas comme une spéculation poétique, mais comme une conclusion de plus en plus inéluctable.

La notion de séparation, si centrale à notre expérience quotidienne et à la physique classique, perd de sa solidité lorsqu'elle est confrontée aux phénomènes quantiques. Si des particules ayant interagi peuvent rester instantanément corrélées à travers de vastes distances, comme le démontre l'intrication, alors l'espace physique ne représente plus une barrière absolue. La distance ne brise pas la connexion fondamentale. Cela suggère que l'idée d'objets comme entités complètement indépendantes et isolées pourrait être une approximation utile pour le monde macroscopique, mais ne reflète pas la nature la plus profonde de la réalité. À un certain niveau fondamental, les "parties" de l'univers semblent être en communication constante, répondant les unes aux autres comme si elles étaient les membres d'un même corps cosmique. La séparation spatiale devient alors davantage une apparence qu'une réalité ultime.

Cette interconnexion fondamentale trouve un écho puissant dans l'histoire même de l'univers, telle que décrite par la cosmologie moderne. La théorie du Big Bang nous dit que tout le cosmos observable, avec ses milliards de galaxies et ses billions d'étoiles, a émergé d'un état initial de densité et de température inimaginables, un point de singularité où toute la matière et l'énergie étaient concentrées. Tout ce qui existe aujourd'hui – chaque atome de votre corps, chaque rayon de lumière voyageant dans l'espace, chaque planète lointaine – partage cette origine commune. Nous avons tous été, dans un passé lointain, intimement unis. L'intrication quantique pourrait-elle être une sorte de "mémoire" de cette unité primordiale, une trace de la connexion originelle qui persiste malgré l'expansion de l'univers ? L'histoire cosmique elle-même semble murmurer un récit d'unité fondamentale sous la diversité apparente.

L'idée que le tout est plus que la somme des parties, et que les parties ne peuvent être comprises qu'en relation avec le tout, est connue sous le nom d'*holisme*. Bien que la science ait été historiquement plus réductionniste (tentant de comprendre les systèmes en les décomposant en leurs plus petits composants), la perspective holistique gagne de plus en plus de pertinence dans divers domaines. En physique, des penseurs comme David Bohm ont proposé des modèles où l'univers fonctionne de manière holographique, chaque partie contenant des informations sur le tout, et où existe un "ordre implicite" sous-jacent qui guide la manifestation de la réalité explicite (nous explorerons cela plus loin). La Théorie Quantique des Champs elle-même décrit la réalité fondamentale non pas en termes de particules isolées, mais de champs continus et interconnectés qui imprègnent tout l'espace-temps, les particules n'étant que de simples excitations locales de ces champs. En biologie, l'écologie nous montre qu'aucun organisme n'existe isolément ; chaque être vivant fait partie d'une toile complexe de relations et d'interdépendances qui définissent l'écosystème. La santé de la forêt dépend de l'interaction entre les arbres, les champignons, les insectes, les animaux et le sol. Le cerveau humain, avec sa capacité à générer la conscience, la pensée et l'émotion, est un autre exemple d'holisme : ces propriétés émergent de l'interaction coordonnée de milliards de neurones, ne résidant dans aucune cellule individuelle. La nature elle-même semble fonctionner selon des principes holistiques.

Cette vision d'un univers interconnecté et holistique, que la science moderne commence à esquisser à travers ses découvertes et modèles, trouve une confirmation extraordinaire dans la sagesse pérenne des traditions spirituelles et mystiques de l'humanité. Peut-être aucune autre idée n'est aussi universellement partagée entre les diverses quêtes spirituelles que celle de l'Unité fondamentale. Dans l'hindouisme, *Brahman* est la Réalité Ultime, la Conscience Cosmique indifférenciée dont tout émane et vers laquelle tout retourne ; *Atman*, l'âme individuelle, est, en essence, identique à Brahman ("Tat Tvam Asi" – Tu Es Cela). Dans le bouddhisme, les concepts de *Shunyata* (vacuité) et de *Pratītyasamutpāda* (origine interdépendante) pointent vers l'absence d'existence inhérente et séparée ; tous les phénomènes surgissent en interdépendance mutuelle, comme des nœuds dans un vaste réseau (le Filet d'Indra). Dans le taoïsme, le *Tao* est le principe un et ineffable qui s'écoule à travers toute la nature. Dans les traditions abrahamiques, des mystiques juifs (Kabbale), chrétiens (comme Maître Eckhart, qui parlait de l'"étincelle de l'âme" étant une avec Dieu) et musulmans (soufis comme Rumi, qui chantait la dissolution du moi dans le Bien-Aimé universel) ont décrit des expériences extatiques de fusion avec le Divin, où l'illusion de la séparation se dissolvait dans une perception écrasante d'Unité. Le langage varie, les symboles changent, mais le message central est constant : nous sommes tous un.

Cette expérience d'unité n'est pas confinée aux mystiques du passé. Un exemple contemporain puissant est l'"Overview Effect" (Effet de la Vue d'Ensemble), rapporté par de nombreux astronautes et cosmonautes lorsqu'ils observent la Terre depuis l'espace. Voir notre planète comme une sphère bleue et blanche, vibrante et vivante, flottant dans l'immensité sombre du cosmos, induit fréquemment un profond déplacement cognitif. Les frontières politiques disparaissent, les conflits humains semblent absurdes, et surgit une sensation écrasante d'appartenance à une seule humanité et à un seul système planétaire interconnecté et fragile. Cette expérience transforme la perspective de nombreux astronautes, inspirant un profond sens de responsabilité globale et une connexion quasi spirituelle avec la planète et avec la vie. L'Overview Effect démontre comment un changement littéral de perspective peut catalyser une perception directe de l'unité qui nous échappe souvent dans notre vision terrestre et fragmentée.

Ainsi, nous assistons à une convergence remarquable. La physique de pointe, à travers la non-localité, l'intrication et les modèles cosmologiques et de champs, pointe vers un univers fondamentalement interconnecté et holistique. La sagesse spirituelle pérenne, basée sur des millénaires d'exploration intérieure et d'expérience mystique, affirme catégoriquement l'Unité comme la vérité ultime de l'existence. La science, avec son langage de mathématiques et d'expérimentation, et la spiritualité, avec son langage d'intuition et d'expérience directe, semblent parvenir, par des chemins différents, à une même conclusion fondamentale sur la nature du cosmos.

Reconnaître cette Unité Cosmique a des implications transformatrices pour notre vie. Si nous sommes tous intrinsèquement connectés, si la séparation est une illusion, alors la manière dont nous traitons les autres et le monde autour de nous devient un reflet direct de notre compréhension de la réalité. L'empathie, la compassion, la coopération et le soin de l'environnement cessent d'être de simples idéaux éthiques et deviennent des impératifs pragmatiques, alignés sur la structure fondamentale de l'univers. Blesser l'autre, en fin de compte, c'est se blesser soi-même, car il n'y a pas d'"autre" véritablement séparé. Cultiver l'amour et la connexion devient la manière la plus naturelle et intelligente de vivre dans un univers unifié. La perception de l'unité dissout la peur basée sur l'illusion de la séparation et ouvre l'espace à la confiance, à la collaboration et à la célébration de la diversité au sein de l'unité.

En conclusion, l'Unité Cosmique émerge comme un message central tissé à travers les fils de la physique quantique et la tapisserie de la spiritualité. Nous ne sommes pas des fragments isolés flottant dans un vide indifférent, mais plutôt des expressions individualisées d'un unique Tout interconnecté et vibrant. Nous sommes des vagues dans le même océan cosmique. Embrasser cette vérité profonde non seulement élargit notre compréhension intellectuelle, mais a aussi le potentiel de guérir notre sentiment d'aliénation et de nous reconnecter à notre vraie nature et à notre place sacrée dans le grand schéma de l'existence. Cette perception de l'unité prépare le terrain pour enquêter sur la nature du champ même qui relie tout, le substrat énergétique et informationnel dont cette unité émerge.

Chapitre 13
Champ Unifié

La perception croissante d'une Unité Cosmique, soutenue à la fois par les découvertes de la physique quantique et par la sagesse spirituelle millénaire, nous conduit à une question fondamentale : quelle est la nature du substrat qui relie tout ? Si l'univers n'est pas une collection de parties isolées, mais un tout interdépendant et non-local, qu'est-ce qui constitue ce tissu conjonctif ? Quelle est cette réalité fondamentale dont émergent la matière, l'énergie et peut-être la conscience elle-même ? La réponse, tant à l'avant-garde de la science qu'au cœur de la métaphysique, semble pointer en direction d'un Champ Unifié – un champ d'énergie et d'information primordial qui imprègne tout l'espace et le temps, servant de matrice à partir de laquelle toute l'existence se manifeste.

Depuis les débuts de la physique moderne, il y a eu une impulsion profonde vers l'unification, une quête incessante du "Saint Graal" de la physique : une Théorie du Champ Unifié ou une Théorie du Tout (Theory of Everything - ToE). L'objectif de cette quête est de trouver un cadre conceptuel unique, un ensemble unique de principes ou une seule entité fondamentale (le Champ Unifié) qui puisse décrire de manière cohérente toutes les forces et particules de la nature. Actuellement, nous connaissons quatre forces fondamentales : la gravité (qui gouverne les planètes et les galaxies), l'électromagnétisme (responsable de la lumière, de l'électricité, du magnétisme et de la chimie) et les forces nucléaires forte et faible (qui opèrent à l'intérieur du noyau atomique). La quête de l'unification vise à montrer que ces quatre forces apparemment distinctes sont, en réalité, différents aspects ou manifestations d'une seule force ou champ primordial, en particulier dans les conditions de très haute énergie qui prévalaient aux premiers instants de l'univers.

Albert Einstein lui-même a consacré les dernières décennies de sa vie à cette quête, tentant d'unifier la gravité (décrite par sa Théorie de la Relativité Générale) avec l'électromagnétisme, bien que sans succès complet à l'époque. Aujourd'hui, la quête se poursuit avec des théories hautement sophistiquées et mathématiquement complexes, telles que la Théorie des Cordes et son extension, la Théorie-M. Ces théories postulent que les particules fondamentales que nous observons (électrons, quarks, photons, etc.) ne sont pas des points sans dimension, mais plutôt de minuscules cordes ou membranes vibrant dans de multiples dimensions spatiales (au-delà des trois que nous percevons). Les différents modes de vibration de ces cordes correspondraient aux différentes particules et forces. Bien qu'elles ne soient pas encore prouvées expérimentalement, ces théories représentent l'espoir actuel le plus prometteur de réaliser le rêve d'Einstein d'une description unifiée de la nature, suggérant qu'à son niveau le plus fondamental, tout est fait de la même "substance" vibrationnelle.

Indépendamment du succès final de ces théories spécifiques, le cadre conceptuel dominant dans la physique des particules actuelle est déjà basé sur l'idée de champs. La Théorie Quantique des Champs (QFT), qui sous-tend le Modèle Standard de la physique des particules, décrit la réalité non pas comme un ensemble de particules discrètes se déplaçant dans le vide, mais comme un ensemble de champs quantiques qui imprègnent tout l'espace-temps. Il existe un champ électronique, un champ de quarks, un champ électromagnétique (dont les excitations sont les photons), et ainsi de suite. Les particules que nous détectons dans nos expériences sont vues comme des excitations locales, quantifiées, de ces champs sous-jacents – comme des vagues ou des ondulations à la surface d'un vaste océan. Dans cette vision, le champ est la réalité la plus fondamentale, et les particules sont des manifestations transitoires de son énergie. L'univers entier est un jeu complexe de ces champs quantiques interpénétrants et interagissants.

Cette vision d'un univers basé sur les champs a des implications profondes pour notre compréhension de l'espace "vide" lui-même. Selon la QFT, le vide quantique n'est pas réellement vide ; c'est un état d'énergie minimale, mais foisonnant d'activité. Des paires de particules et d'antiparticules virtuelles apparaissent et disparaissent constamment lors de fluctuations quantiques, dans une danse incessante régie par le Principe d'Incertitude. Le vide possède une énergie inhérente, connue sous le nom d'Énergie du Point Zéro, qui imprègne tout le cosmos. L'espace n'est pas une scène passive, mais plutôt un milieu dynamique, un *plenum* énergétique qui sert de substrat à l'existence des champs et des particules. Ce vide quantique énergétique pourrait-il être, en lui-même, le Champ Unifié ou la manifestation d'un champ encore plus fondamental ?

Cette image scientifique d'un champ énergétique et informationnel sous-jacent à toute réalité trouve des parallèles extraordinaires dans les concepts spirituels et métaphysiques de diverses cultures. De nombreuses traditions parlent d'une *Matrice Divine*, d'un *Esprit de Dieu*, d'un *Substrat Cosmique* ou d'un *Éther* primordial qui imprègne et soutient toute la création. Dans cette vision, Dieu ou la Source Ultime n'est pas seulement un créateur externe, mais la substance intelligente et énergétique même de l'univers. Tout ce qui existe serait une modification, une vibration ou une pensée au sein de cet Esprit ou Champ Cosmique omniprésent. La séparation entre créateur et création, ou entre matière et esprit, se dissout dans cette perspective moniste.

Certains penseurs contemporains ont cherché explicitement à relier ces concepts. Le philosophe des sciences Ervin Laszlo, par exemple, a proposé l'idée du "Champ Akashique" (ou Champ-A), s'inspirant du terme sanskrit *Akasha*, qui dans les traditions védiques représente l'éther ou l'espace primordial, considéré comme le dépositaire de toutes les mémoires et informations de l'univers (les Annales Akashiques). Laszlo postule l'existence d'un champ fondamental d'information dans la nature, un champ sous-jacent au vide quantique, qui connecterait tout de manière non-locale et stockerait un enregistrement de tout ce qui s'est déjà produit. Ce champ serait la base de la cohérence de l'univers, de l'évolution de la vie et des phénomènes de conscience tels que l'intuition et la synchronicité. Bien que spéculative, l'hypothèse du Champ Akashique illustre la tentative de construire des ponts entre le langage de la physique des champs et la sagesse ésotérique sur un enregistrement universel d'information.

Nous pouvons alors visualiser l'univers à travers une métaphore puissante : un vaste et infini océan d'énergie intelligente ou de conscience primordiale – le Champ Unifié. Tout ce que nous percevons dans le monde physique – galaxies, étoiles, planètes, êtres vivants, nos propres corps et esprits – seraient comme des vagues, des tourbillons, des courants ou des motifs d'interférence émergeant momentanément de cet océan fondamental. Nous ne sommes pas des entités séparées flottant dans cet océan, mais plutôt des manifestations de l'océan lui-même. Chacun de nous est une vague, unique dans sa forme et son expression, mais faite de la même eau que toutes les autres vagues et que l'océan lui-même dans sa totalité. Notre individualité est réelle à un certain niveau, mais notre identité la plus profonde réside dans cette unité sous-jacente du Champ.

L'idée d'un Champ Unifié sert donc de puissant concept intégrateur. Elle représente le point de convergence où la quête scientifique de l'unité fondamentale des lois physiques rencontre l'intuition spirituelle d'une Réalité Une sous-jacente à toute manifestation. Ce champ omniprésent, énergétique et potentiellement informationnel, offre une base plausible pour comprendre l'interconnexion profonde révélée par la non-localité et l'intrication. Il peut être le moyen par lequel la conscience interagit avec la matière et par lequel les informations et les influences se propagent de manières qui défient notre compréhension classique. En nous voyant non seulement comme des parties connectées *au sein* de l'univers, mais comme des expressions *du* Champ fondamental même qui *est* l'univers, notre sentiment d'appartenance, de participation et de potentiel s'élargit immensément. Nous sommes des vagues conscientes dans l'immensité de l'océan cosmique de l'être.

Chapitre 14
Champs Morphogénétiques

Notre exploration de l'unité cosmique et de la possibilité d'un Champ Unifié sous-jacent nous amène à nous demander si, au-delà des champs de force bien établis par la physique (gravitationnel, électromagnétique, nucléaire), pourraient exister d'autres types de champs dans la nature, peut-être plus subtils, responsables de l'organisation de la matière et de la transmission d'informations de manières que nous ne comprenons pas encore complètement. C'est une frontière où la science conventionnelle hésite souvent, mais où des penseurs audacieux proposent des idées qui, bien que controversées, résonnent profondément avec une vision plus holistique et interconnectée de la réalité.

L'un des exemples les plus notables et stimulants de cette ligne de pensée est la théorie des Champs Morphogénétiques, proposée par le biologiste et biochimiste britannique Rupert Sheldrake. L'hypothèse centrale de Sheldrake, développée sur plusieurs décennies, défie l'un des dogmes centraux de la biologie moderne : l'idée que la forme, le développement et le comportement des organismes vivants sont déterminés exclusivement par les gènes (ADN) et par les interactions physico-chimiques entre leurs molécules.

Sheldrake soutient que cette vision est incomplète. Il postule l'existence de *champs morphogénétiques* (littéralement, "champs qui génèrent la forme"), un type spécifique de *champ morphique* (champ de forme ou de motif). Ces champs ne seraient pas des champs d'énergie au sens physique usuel, mais plutôt des champs d'information immatériels, mais réels, qui agiraient comme des plans ou des moules invisibles, guidant le développement des embryons, la régénération des tissus, la formation des cristaux et même l'organisation des comportements et des habitudes. Chaque type de système dans la nature – que ce soit un électron, un atome d'hydrogène, une molécule d'eau, une cellule, une plante de fougère, un oiseau ou une société humaine – aurait son propre champ morphique caractéristique, contenant l'information collective sur sa structure et son comportement.

Comment ces champs exerceraient-ils leur influence ? Sheldrake propose un mécanisme appelé *résonance morphique*. L'idée est que des formes ou des motifs similaires établissent une connexion à travers l'espace et le temps par le biais de cette résonance. Chaque organisme individuel "syntonise" le champ morphique de son espèce, recevant des informations sur la manière de se développer et de se comporter, sur la base de la forme et du comportement des membres antérieurs de la même espèce. En même temps, chaque individu contribue au champ collectif avec sa propre expérience, renforçant ou modifiant légèrement les motifs existants. Cela crée une sorte de *mémoire collective de la nature,* où les habitudes et les formes apprises ou établies dans le passé influencent le présent par la résonance morphique. Plus un motif se répète (par exemple, plus de rats apprennent à naviguer dans un labyrinthe spécifique, ou plus une substance chimique cristallise d'une certaine manière), plus son champ morphique devient fort et plus il devient facile pour les futurs systèmes du même type d'adopter ce motif. La résonance morphique ne dépendrait pas de la proximité physique ou de mécanismes connus de transfert d'information, opérant de manière non-locale.

Sheldrake présente une série d'observations et de preuves expérimentales (dont beaucoup ont suscité débat et controverse dans la communauté scientifique) pour étayer son hypothèse. Un exemple souvent cité concerne des expériences d'apprentissage chez les rats. Des études menées sur des décennies dans différents laboratoires (comme celles de William McDougall à Harvard) semblaient indiquer que les générations successives de rats apprenaient à naviguer dans des labyrinthes ou à s'échapper de réservoirs d'eau de plus en plus rapidement, même lorsqu'il n'y avait aucune possibilité d'héritage génétique ou d'apprentissage social direct. Sheldrake interprète cela comme une preuve de résonance morphique : l'apprentissage des rats antérieurs créait un champ d'habitude qui facilitait l'apprentissage des rats ultérieurs partout dans le monde.

Un autre exemple intrigant est le phénomène de la cristallisation : les chimistes observent souvent que de nouvelles substances synthétiques, initialement difficiles à cristalliser, ont tendance à cristalliser plus facilement dans les laboratoires du monde entier au fil du temps, comme si l'"information" sur la manière de former le cristal se propageait mystérieusement. Sheldrake suggère que la formation du premier cristal crée un nouveau champ morphique, qui facilite ensuite la formation de cristaux similaires ailleurs via la résonance morphique. Il applique également sa théorie pour expliquer des comportements instinctifs complexes chez les animaux (comme la construction de nids par les oiseaux ou l'organisation de colonies de termites) et même des phénomènes humains comme les mémoires collectives, les archétypes culturels et la sensation de "membres fantômes" après une amputation (le champ morphique du membre persisterait).

Il est important de reconnaître que la théorie des champs morphiques et de la résonance morphique reste en dehors du paradigme scientifique dominant. Les critiques soulignent le manque de preuves expérimentales concluantes et reproductibles qui isolent sans équivoque l'effet de la résonance morphique d'autres explications possibles (comme des facteurs environnementaux subtils, des indices sensoriels ou une analyse statistique inadéquate). De plus, le mécanisme exact par lequel ces champs immatériels interagiraient avec la matière physique et comment la résonance se produirait à travers l'espace et le temps reste obscur et ne s'intègre pas facilement aux modèles physiques connus. Pour ces raisons, la théorie de Sheldrake est souvent considérée avec scepticisme ou rejetée par la majorité des scientifiques.

Cependant, indépendamment de son statut scientifique final, la théorie de Sheldrake est extrêmement précieuse dans notre contexte car elle sert de puissant pont conceptuel entre la science et la spiritualité. Ses idées, bien que formulées dans un langage qui se veut scientifique (champs, résonance, information), font écho de manière remarquable à des concepts trouvés dans des traditions spirituelles et psychologiques profondes. L'idée d'une mémoire collective accessible à tous les membres d'une espèce ou d'un groupe résonne fortement avec le concept d'*Inconscient Collectif* proposé par le psychologue suisse Carl Gustav Jung. Jung postulait que, au-delà de l'inconscient personnel (dérivé des expériences individuelles), il existe une couche plus profonde de la psyché, partagée par toute l'humanité, contenant des *archétypes* – des motifs universels d'images et de symboles hérités de nos ancêtres, qui se manifestent dans les mythes, les rêves et les comportements. La résonance morphique de Sheldrake offre un mécanisme hypothétique pour l'existence et la transmission de cet inconscient collectif.

De même, l'idée de champs morphiques comme dépositaires d'informations qui façonnent la forme et le comportement trouve un parallèle direct dans la notion ésotérique des *Annales Akashiques*. Comme mentionné précédemment, Akasha est vu comme un champ d'information universel, une "bibliothèque cosmique" qui contient l'enregistrement de tout ce qui s'est déjà produit, se produit et se produira potentiellement. Les champs morphiques de Sheldrake pourraient être interprétés comme des "fichiers" spécifiques au sein de ce vaste champ akashique, contenant les plans et les mémoires de chaque type de système dans la nature. La théorie s'aligne également avec les visions spirituelles qui postulent l'existence de corps énergétiques subtils ou de motifs vibratoires servant de matrices pour la forme physique et la santé.

Ainsi, la théorie des champs morphogénétiques, même controversée, nous aide à imaginer *comment* l'interconnexion et la transmission d'informations au-delà des moyens physiques connus pourraient opérer. Elle fournit un langage semi-scientifique pour explorer des idées intuitives sur la mémoire collective, l'influence à distance et l'existence de principes organisateurs invisibles dans la nature – des idées familières et centrales à de nombreuses visions du monde spiritualistes. Elle nous encourage à nous demander si l'univers matériel est vraiment tout ce qui existe, ou s'il est immergé et guidé par des champs subtils d'information et de forme. Ce faisant, la théorie de Sheldrake, comme d'autres "sciences frontières", défie les limites du paradigme actuel et nous invite à considérer une réalité plus riche, plus mystérieuse et plus interconnectée, où la mémoire du passé résonne dans le présent à travers des champs résonnants invisibles, tissant un fil de plus dans la complexe tapisserie de l'unité cosmique.

Chapitre 15
Conscience Collective

Si des champs d'information tels que les champs morphiques peuvent connecter les membres d'une espèce par la résonance, partageant habitudes et formes au-delà du contact direct, nos propres esprits, nos consciences, pourraient-ils être interconnectés de manière similaire ? L'idée que les consciences individuelles ne sont pas des îles isolées, mais plutôt des parties d'un océan plus vaste, formant un Esprit de Groupe ou une Conscience Collective, est une autre notion profonde que nous trouvons à la fois dans la psychologie d'avant-garde et dans les anciennes traditions spirituelles. Elle suggère qu'au-delà de notre expérience personnelle, nous participons à un réservoir partagé de pensées, de sentiments et de mémoires qui nous unit à des niveaux subtils et souvent inconscients.

Le pionnier le plus célèbre à avoir exploré scientifiquement cette idée fut le psychologue suisse Carl Gustav Jung. En analysant les rêves, les mythes et les symboles de ses patients et de diverses cultures à travers le monde, Jung a perçu la récurrence surprenante de certains thèmes et images universels qui ne pouvaient être expliqués uniquement par l'expérience personnelle de l'individu. Cela l'a conduit à postuler l'existence, au-delà de l'inconscient personnel (contenant nos souvenirs oubliés et expériences refoulées), d'une couche plus profonde et universelle de la psyché : l'*Inconscient Collectif*. Jung l'a décrit comme un réservoir partagé par toute l'humanité, hérité biologiquement ou psychiquement, contenant les *archétypes* – des motifs primordiaux d'expérience et de comportement, tels que le Héros, la Mère, le Vieux Sage, l'Ombre, l'Anima/Animus. Ces archétypes fonctionneraient comme des matrices énergétiques qui façonnent notre perception, nos émotions et nos récits de vie, émergeant spontanément dans nos rêves, nos fantasmes et dans les grandes histoires culturelles (mythes, contes de fées, religions). L'Inconscient Collectif serait la base psychique commune qui explique pourquoi certaines histoires et symboles ont un pouvoir si universel et pourquoi des personnes de cultures éloignées peuvent avoir des rêves ou des visions aux thèmes remarquablement similaires. Pour Jung, se connecter consciemment à ce niveau profond de la psyché était essentiel au processus d'individuation et de connaissance de soi.

L'idée d'un esprit partagé peut être étendue au-delà des structures héritées de l'inconscient collectif jungien. Certains penseurs proposent que des groupes de personnes connectées – que ce soit une famille, une communauté, une nation ou même toute l'humanité – peuvent créer ou participer à un champ mental commun *en temps réel*. Le père jésuite et paléontologue français Pierre Teilhard de Chardin, par exemple, a introduit le concept de *Noosphère* (du grec *nous*, esprit). Il voyait l'évolution non seulement en termes biologiques (la Biosphère, la sphère de la vie), mais aussi en termes de conscience. La Noosphère serait une "sphère de la pensée", une couche planétaire de conscience et d'information collective qui émerge de l'interaction des esprits humains, enveloppant le globe terrestre. Pour Teilhard, l'évolution cheminerait vers une complexification et une unification croissantes de cette Noosphère, culminant en un "Point Oméga" de conscience planétaire unifiée.

Bien que ces concepts puissent sembler abstraits, nous pouvons trouver des indices et des exemples suggérant le fonctionnement d'une forme de conscience ou d'esprit collectif dans notre monde. Considérons le phénomène de la découverte ou de l'invention simultanée : au fil de l'histoire, il y a eu de nombreux cas où des avancées scientifiques importantes (comme le calcul infinitésimal par Newton et Leibniz) ou des innovations technologiques se sont produites de manière indépendante et presque en même temps dans différentes parties du monde, par des personnes qui n'avaient aucun contact entre elles. C'est comme si l'idée était "mûre" dans le champ collectif, "dans l'air", prête à être captée par des esprits réceptifs.

Un autre exemple, bien que plus anecdotique et scientifiquement controversé, est ce qu'on appelle l'"Effet du Centième Singe", une histoire popularisée sur des singes des îles japonaises qui auraient appris à laver des patates douces ; une fois qu'un nombre critique de singes (le "centième") eut appris l'astuce sur une île, le comportement se serait rapidement propagé aux singes d'autres îles sans contact physique apparent. Même si la véracité factuelle de cette histoire spécifique est discutable, elle capture l'imagination populaire car elle illustre l'idée intrigante d'un apprentissage collectif non-local.

Plus tangible est peut-être l'expérience subjective de connexion ressentie lors de grands événements mondiaux. Dans les moments de tragédie partagée (comme les catastrophes naturelles ou les attentats terroristes), de célébration collective (comme les événements sportifs mondiaux) ou d'effort conjoint (comme les méditations mondiales pour la paix), des millions de personnes peuvent ressentir une union mentale et émotionnelle qui semble transcender les frontières. Cette attention et cette émotion focalisées collectivement créent-elles un champ de conscience réel et mesurable ?

Cette question a conduit à des investigations scientifiques fascinantes, comme le *Projet Conscience Globale* (Global Consciousness Project - GCP), initié à l'Université de Princeton. Le GCP maintient un réseau de Générateurs de Nombres Aléatoires (Random Number Generators - RNGs) répartis dans le monde. Ces dispositifs électroniques sont conçus pour produire des séquences de nombres véritablement aléatoires, comme lancer une pièce électronique des millions de fois. L'hypothèse du projet est que, s'il existe une conscience collective globale, les moments de grande cohérence mentale ou émotionnelle partagée par l'humanité pourraient affecter subtilement le fonctionnement de ces dispositifs, faisant dévier leurs résultats de l'aléa attendu de manière statistiquement significative. Sur plus de deux décennies de collecte de données, le GCP a rapporté avoir trouvé des corrélations notables entre des déviations significatives de l'aléatoire et la survenue de grands événements mondiaux ayant capté l'attention et l'émotion de millions de personnes (comme le 11 septembre, les tsunamis, les élections importantes, les célébrations du Nouvel An). Bien que l'interprétation de ces résultats soit complexe et sujette à débat scientifique (car corrélation n'implique pas nécessairement causalité directe), les données du GCP offrent un indice intrigant que la conscience collective pourrait ne pas être seulement un concept abstrait, mais peut-être une force réelle capable d'interagir subtilement avec le monde physique.

Cette idée d'un esprit collectif doté d'un pouvoir réel trouve des parallèles directs dans les concepts spirituels et ésotériques. Un exemple est la notion d'*égrégore*, fréquemment rencontrée dans les traditions occultistes. Un égrégore est décrit comme une entité psychique autonome, une forme-pensée collective créée et entretenue par l'énergie mentale et émotionnelle focalisée d'un groupe de personnes unies par un but ou une croyance commune (comme un ordre religieux, une société secrète, une nation ou même un club de supporters). On croit que les égrégores peuvent acquérir une sorte de vie propre et influencer les membres du groupe et même les événements dans le monde, pouvant avoir une nature positive ou négative selon l'intention et l'énergie qui les alimentent. La croyance répandue dans le pouvoir amplifié de la prière en groupe, de la méditation collective ou des rituels communautaires repose également sur l'idée que l'union des esprits et des cœurs focalisés sur un même objectif génère un champ de force ou d'influence beaucoup plus grand que la somme des parties individuelles.

Si l'existence d'une conscience collective – qu'il s'agisse de l'Inconscient Collectif de Jung, de la Noosphère de Teilhard, du champ suggéré par le GCP ou des égrégores spirituels – est réelle, les implications sont profondes. Cela signifierait que nous ne sommes pas seulement connectés à un niveau fondamental d'être (comme le suggère l'unité cosmique), mais aussi à un niveau mental et psychique continu. Nos pensées, émotions et états de conscience individuels ne seraient pas des affaires purement privées ; ils contribueraient à l'"atmosphère mentale" collective, l'influençant et étant influencés par elle. Cela nous confère une responsabilité partagée quant à la qualité de cette conscience collective. La peur, la haine, l'avidité et la division en masse pourraient créer des égrégores toxiques ou "polluer" la Noosphère, tandis que la compassion, la coopération, le pardon et la recherche de la vérité en masse pourraient l'élever et la guérir.

Plus encore, la prise de conscience de cette interconnexion mentale nous ouvre la possibilité de passer de participants inconscients à des *collaborateurs conscients* dans l'évolution de la conscience planétaire. En comprenant que nous faisons partie d'un esprit plus vaste, nous pouvons choisir intentionnellement d'aligner nos pensées et nos actions sur les idéaux les plus élevés d'amour, de sagesse et d'unité. Nous pouvons nous joindre à d'autres dans des méditations focalisées, des projets collaboratifs et des mouvements sociaux visant à élever la vibration collective et à manifester un avenir plus positif pour tous. L'idée d'une conscience collective nous rappelle que la transformation individuelle et la transformation globale sont intrinsèquement liées. En nous guérissant et en nous élevant nous-mêmes, nous contribuons à la guérison et à l'élévation du tout. Nous sommes potentiellement des neurones dans l'esprit émergent de l'humanité, co-créant la réalité non seulement individuellement, mais en tant que collectif interconnecté.

Chapitre 16
Esprit Non Local

Notre voyage nous a amenés à contempler un univers fondamentalement énergétique, imprégné d'une conscience mystérieuse, où la réalité semble répondre à l'observation et où des connexions instantanées peuvent lier des particules à travers l'espace. Nous avons exploré l'idée de champs d'information et la possibilité d'une conscience collective unissant les esprits. Ces idées convergent vers une question encore plus radicale et personnelle : se pourrait-il que *notre propre* esprit individuel opère au-delà des limites physiques de notre cerveau et de notre corps ? La conscience, cette lumière intérieure qui nous anime, serait-elle strictement confinée à la matière grise à l'intérieur de notre crâne, ou posséderait-elle la capacité d'atteindre, de percevoir et peut-être même d'influencer le monde de manières non-locales, transcendant les barrières de l'espace physique ?

La vision scientifique prédominante, basée sur la neuroscience, tend à localiser fermement l'esprit dans le cerveau. La conscience est vue comme un produit de l'activité neuronale complexe, et toute expérience ou influence mentale doit, en fin de compte, être médiatisée par des processus physiques se produisant à l'intérieur du corps et interagissant avec l'environnement par le biais des sens connus.

Cependant, il existe des phénomènes rapportés et étudiés qui semblent défier cette vision strictement locale de l'esprit. Ces phénomènes, souvent regroupés sous le terme "psi" (du grec *psyché*, esprit ou âme), sont l'objet d'étude de la parapsychologie, un champ de recherche opérant aux frontières de la science conventionnelle, étudiant systématiquement les preuves d'interactions esprit-matière ou esprit-esprit qui semblent inexplicables par les mécanismes physiques actuellement compris.

L'un des phénomènes psi les plus connus est la *télépathie*, définie comme l'apparent transfert direct de pensées, de sentiments ou d'images d'un esprit à un autre, sans l'utilisation de canaux sensoriels ou de communication connus. Bien que de nombreuses expériences anecdotiques de télépathie puissent être expliquées par la coïncidence, des indices subtils ou l'inférence logique, des chercheurs ont développé des protocoles expérimentaux pour tester son existence dans des conditions contrôlées. Le protocole le plus célèbre et le plus rigoureux est l'expérience *Ganzfeld* (champ total, en allemand). Dans cette procédure, un "récepteur" est placé dans un état de légère privation sensorielle (avec des écouteurs émettant un bruit blanc et des moitiés de balles de ping-pong sur les yeux sous une lumière rouge) pour minimiser les distractions externes et internes. Dans une autre pièce isolée, un "émetteur" se concentre sur une image ou un clip vidéo sélectionné aléatoirement (la "cible"). Le récepteur décrit à voix haute toutes les impressions, pensées ou images qui lui viennent à l'esprit. À la fin de la session, le récepteur reçoit quatre options (la cible réelle et trois leurres) et tente d'identifier celle qui correspond le mieux à ses impressions. Sur des décennies et des centaines d'expériences menées dans divers laboratoires, les méta-analyses (analyses statistiques combinant les résultats de multiples études) ont constamment rapporté un taux de réussite faible mais statistiquement significatif, supérieur aux 25% attendus par le hasard. Bien que la taille de l'effet soit modeste, sa persistance suggère que quelque chose de plus que la chance pourrait être en jeu.

Une autre catégorie de phénomène psi est la *clairvoyance* ou *vision à distance*, l'apparente capacité à obtenir des informations sur des objets, des personnes ou des événements distants dans l'espace, sans l'utilisation des sens normaux. La vision à distance (VR) a émergé comme un ensemble spécifique de protocoles, initialement développés et étudiés avec un financement du gouvernement américain à des fins de renseignement dans les années 1970 et 1980, dans des institutions telles que le Stanford Research Institute (SRI). Dans ces expériences, un "visualiseur", isolé et ignorant la cible, tente de décrire ou de dessiner des impressions sur un lieu géographique distant, sélectionné aléatoirement, qui peut être visité par un "agent" ou simplement défini par des coordonnées. Des juges indépendants, qui ne connaissent pas non plus la cible réelle, comparent les descriptions du visualiseur à un ensemble de lieux possibles (la cible et quelques leurres) et tentent de trouver la correspondance correcte. Encore une fois, des études rigoureuses et des méta-analyses ont rapporté des taux de succès statistiquement significatifs, indiquant que les visualiseurs parvenaient à obtenir des informations précises sur les cibles avec une fréquence supérieure à ce que le hasard permettrait. Des chercheurs pionniers comme J.B. Rhine, à l'Université Duke au milieu du XXe siècle, avaient déjà mené des expériences approfondies avec la divination de cartes (testant à la fois la télépathie et la clairvoyance) qui pointaient également vers des effets statistiques anormaux. Des chercheurs contemporains, comme Dean Radin, continuent d'étudier ces phénomènes avec des méthodologies sophistiquées, arguant que le poids accumulé des preuves statistiques, bien que souvent ignoré ou rejeté par la science dominante, suggère fortement la réalité d'une forme de perception non-locale.

Comment ces phénomènes pourraient-ils se produire ? Si l'esprit est strictement confiné au cerveau, comment pourrait-il envoyer ou recevoir des informations à distance sans un moyen physique connu ? Ici, l'étrangeté de la physique quantique, en particulier la non-localité et l'intrication, offre une analogie intrigante et une base spéculative. Si des particules subatomiques peuvent rester connectées instantanément à travers l'espace, des processus quantiques se produisant dans les cerveaux de deux personnes pourraient-ils permettre à leurs esprits de devenir, d'une certaine manière, "intriqués", facilitant une connexion télépathique ? La clairvoyance pourrait-elle impliquer l'esprit accédant à des informations non-localement directement depuis le champ quantique fondamental, peut-être ce "Champ Akashique" d'information universelle dont nous avons discuté ?

Il est crucial de souligner qu'il ne s'agit, pour l'instant, que d'hypothèses spéculatives. L'un des plus grands défis est d'expliquer comment les délicats effets quantiques pourraient survivre et opérer de manière cohérente dans l'environnement chaud, humide et complexe du cerveau – un problème connu sous le nom de défi de la "décohérence". Cependant, la simple existence prouvée de la non-localité au niveau physique fondamental rend la possibilité d'un esprit non-local moins *physiquement impossible* qu'on ne le pensait auparavant. L'univers quantique démontre que les connexions qui transcendent l'espace font partie de la réalité.

Cette perspective trouve une résonance profonde avec les affirmations de longue date d'innombrables traditions spirituelles et ésotériques à travers le monde. L'idée que l'esprit n'est pas rigidement lié au corps physique est un thème récurrent. Les récits de *projection astrale* ou d'*expériences hors du corps* (EHC), dans lesquels des individus décrivent la sensation de leur conscience quittant le corps et voyageant vers des lieux distants ou même vers d'autres dimensions d'existence, se retrouvent dans de nombreuses cultures et époques. Les pratiques chamaniques impliquent souvent des voyages spirituels vers des "mondes" non physiques pour obtenir guérison ou connaissance. Les textes yogiques décrivent les *siddhis*, ou pouvoirs psychiques, qui peuvent être développés par des pratiques spirituelles avancées, y compris la capacité de percevoir des événements distants ou de lire les esprits. Bien que ces traditions reposent principalement sur l'expérience subjective et le témoignage, et non sur la méthodologie scientifique, la convergence avec les phénomènes étudiés par la parapsychologie est remarquable. La recherche psi, avec ses méthodes statistiques et expérimentales, pourrait être vue comme une tentative de trouver une validation objective pour des capacités que l'humanité a intuitées ou expérimentées subjectivement pendant des millénaires.

Face à ces preuves et possibilités, peut-être devons-nous reconsidérer notre conception de l'esprit. Au lieu de le voir strictement comme un processus computationnel confiné au cerveau, pourrions-nous le penser comme un *champ d'information* – un champ généré par l'activité cérébrale complexe, mais qui ne serait peut-être pas limité par elle. Ce champ mental pourrait s'étendre au-delà du corps physique et, potentiellement, interagir avec d'autres champs mentaux ou avec un champ d'information universel plus large. Dans cette vision, des phénomènes comme la télépathie et la clairvoyance ne seraient pas des "violations" des lois physiques, mais plutôt des manifestations des propriétés de ce champ mental non-local.

Conclure que l'esprit peut avoir des aspects non-locaux est une étape radicale qui défie profondément le paradigme matérialiste prédominant. Cependant, les anomalies persistantes rapportées par la recherche psi, les possibilités ouvertes par la physique quantique et la cohérence des récits spirituels à travers les âges nous invitent à garder l'esprit ouvert. Si la conscience n'est pas entièrement prisonnière de nos crânes, cela redéfinit fondamentalement qui nous sommes et comment nous nous lions à l'univers. Cela suggère que nous pourrions être connectés les uns aux autres et au cosmos de manières beaucoup plus profondes et interactives que la science conventionnelle ne l'admet généralement. La possibilité d'un esprit non-local est une pièce cruciale du puzzle de l'Âme Quantique, pointant vers un être humain avec une portée et un potentiel bien plus grands que nous ne l'imaginions.

Chapitre 17
Au-delà de l'Espace-Temps

Notre exploration de l'esprit non-local nous a montré des preuves et des possibilités intrigantes suggérant que la conscience pourrait ne pas être strictement confinée à l'espace physique du cerveau, pouvant peut-être s'étendre et se connecter de manières défiant la distance. Mais qu'en est-il de l'autre dimension fondamentale de notre existence : le temps ? La conscience, dans sa nature la plus profonde, pourrait-elle aussi transcender les barrières du flux linéaire du temps que nous expérimentons dans notre quotidien ? L'idée que l'esprit puisse avoir accès à des informations du futur (précognition) ou du passé lointain (rétrocognition) est encore plus déconcertante que la télépathie ou la clairvoyance spatiale, car elle semble violer la structure causale même de l'univers, où la cause précède toujours l'effet. Néanmoins, tant des récits anecdotiques persistants que certaines lignes de recherche scientifique et intuitions spirituelles suggèrent que notre relation au temps pourrait être beaucoup plus complexe et fluide que nous ne l'imaginons.

Les récits de *précognition* – rêves semblant prédire des événements futurs, prémonitions soudaines se concrétisant, ou une connaissance inexplicable de quelque chose qui va arriver – sont étonnamment courants dans l'expérience humaine, bien que souvent écartés comme coïncidences ou reconstructions *a posteriori* de la mémoire. De même, il existe des récits de *rétrocognition*, où des individus semblent avoir accès à des informations détaillées sur des événements passés dont ils ne pourraient avoir connaissance par des moyens normaux, comme des impressions vives sur l'histoire d'un lieu ancien ou, plus notoirement, les cas d'enfants affirmant se souvenir de détails de vies passées, étudiés de manière approfondie par des chercheurs comme le Dr Ian Stevenson (un sujet que nous aborderons plus en détail ultérieurement). Bien que controversés, ces récits suggèrent que l'esprit humain peut, occasionnellement, jeter un coup d'œil au-delà des frontières du moment présent.

    Les tentatives de capturer ces effets en laboratoire ont produit des résultats tout aussi intrigants et débattus. Une ligne de recherche particulièrement curieuse étudie le phénomène du *pressentiment*, l'idée que notre corps et notre esprit peuvent réagir à un événement futur *avant* qu'il ne se produise. Dans des expériences typiques, des volontaires sont exposés à une série d'images affichées dans un ordre aléatoire sur un ordinateur, certaines émotionnellement neutres et d'autres très émotives (positives ou négatives). Pendant qu'ils observent les images, leurs réponses physiologiques sont surveillées (comme la conductance cutanée, la fréquence cardiaque ou l'activité cérébrale). Plusieurs études, menées par des chercheurs comme Dean Radin et Dick Bierman, ont rapporté une découverte surprenante : en moyenne, les réponses physiologiques des participants commençaient à changer quelques secondes *avant* la présentation des images émotionnelles, comme si le système corps-esprit anticipait l'impact émotionnel du stimulus futur.

Un autre ensemble d'études controversées, publiées par le psychologue social Daryl Bem en 2011, a utilisé des protocoles de psychologie standard adaptés pour tester l'"influence rétroactive", trouvant des preuves statistiques que des événements futurs (comme la pratique de mémorisation de mots *après* un test de mémoire) pourraient influencer la performance passée. Bien que la réplication de ces découvertes soit un sujet de débat intense dans la communauté scientifique, elles représentent un défi direct à notre compréhension conventionnelle de la causalité temporelle.

Curieusement, la physique moderne elle-même, qui a établi le paradigme de la causalité linéaire, offre également des indices que notre vision intuitive du temps comme un flux universel et absolu pourrait être incomplète. La Théorie de la Relativité d'Einstein a démontré que le temps n'est pas absolu, mais relatif à l'observateur. La vitesse à laquelle le temps s'écoule dépend de la vitesse de l'observateur et de l'intensité du champ gravitationnel dans lequel il se trouve. Le temps peut se dilater (passer plus lentement) ou se contracter (passer plus vite) par rapport à un autre observateur. De plus, la relativité a uni l'espace et le temps en un unique continuum quadridimensionnel appelé *espace-temps*. Dans ce bloc d'espace-temps, la distinction entre passé, présent et futur devient moins absolue, ressemblant davantage à différentes localisations sur une carte qu'à une rivière s'écoulant inexorablement dans une seule direction. La notion d'"maintenant" simultané pour tous les observateurs dans l'univers est abandonnée.

La mécanique quantique présente également des scénarios qui semblent brouiller notre notion de séquence temporelle. Un exemple célèbre est l'expérience de *choix retardé* (delayed choice), proposée par John Wheeler. Dans une variation de l'expérience de la double fente, la décision sur la propriété à mesurer – si nous allons observer le comportement ondulatoire (figure d'interférence) ou le comportement corpusculaire (information de quel chemin) – peut être prise *après* que la particule (par exemple, un photon) a déjà traversé la barrière avec les fentes. Étonnamment, le résultat de l'expérience semble refléter le choix de mesure fait ultérieurement. C'est comme si le choix futur influençait l'"histoire" passée de la particule, déterminant si elle s'est comportée comme une onde ou comme une particule en passant par les fentes. Les expériences d'"effaceur quantique" (quantum eraser) sont des variations encore plus sophistiquées qui renforcent cette apparente rétrocausalité ou, du moins, l'inadéquation d'un récit temporel linéaire simple pour décrire les événements quantiques intriqués. Ces expériences ne prouvent pas la précognition au sens psychique, mais démontrent qu'au niveau quantique fondamental, la relation entre passé, présent et futur peut être beaucoup plus subtile et interconnectée que la physique classique ne le supposait.

Cette vision d'un temps moins rigide et linéaire trouve des parallèles profonds dans les traditions spirituelles et mystiques. De nombreuses écoles de pensée orientales, comme le bouddhisme et le Vedanta, décrivent le temps linéaire comme faisant partie de *Maya*, l'illusion cosmique, une construction de l'esprit qui nous empêche de percevoir la réalité ultime. La vraie réalité est fréquemment décrite comme un *Éternel Maintenant*, un présent intemporel qui contient en lui toutes les possibilités du passé et du futur. L'objectif de nombreuses pratiques contemplatives est de transcender la perception linéaire du temps et de reposer dans ce Maintenant éternel, expérimentant un état de présence pure et d'unité avec le tout. Les récits d'expériences mystiques profondes incluent fréquemment la sensation de dissolution du temps, d'être hors du flux temporel. De même, les personnes ayant vécu des Expériences de Mort Imminente (EMI) décrivent souvent une "revue de vie", où les événements de toute leur existence sont expérimentés simultanément ou de manière non linéaire, suggérant un point de vue hors du temps chronologique. La croyance en la réincarnation, présente dans de nombreuses cultures, implique également une conscience (âme) qui persiste et voyage à travers différentes époques et vies, existant dans une dimension qui transcende le temps d'une seule incarnation physique.

  Ainsi, tant la physique d'avant-garde que l'expérience spirituelle profonde semblent converger vers l'idée que notre perception quotidienne du temps comme une flèche unidirectionnelle et inexorable pourrait être limitée. Peut-être le temps ressemble-t-il davantage à un panorama ou à un paysage quadridimensionnel, et notre conscience, sous certaines conditions (que ce soit dans des états modifiés, par des processus quantiques dans le cerveau, ou par sa nature intrinsèque), pourrait avoir accès à des informations ou des perspectives qui transcendent le "moment présent" linéaire.

    Cette possibilité nous invite à reconsidérer notre relation au temps. Le moment présent, le "Maintenant", pourrait être infiniment plus riche et profond que nous ne l'imaginons, non seulement un point fugace entre un passé révolu et un futur incertain, mais peut-être un portail vers une réalité intemporelle plus vaste. Si la conscience peut, de fait, interagir avec la réalité au-delà des frontières non seulement de l'espace, mais aussi du temps linéaire, cela élargit encore notre compréhension de la nature non-locale et participative de l'Âme Quantique. Cela signifie que notre potentiel de perception, de connexion et peut-être même d'influence peut s'étendre de manières que nous commençons à peine à comprendre, suggérant une participation encore plus intime à la danse cosmique qui se déploie non seulement dans l'espace, mais à travers le tissu même de l'espace-temps.

Chapitre 18
Multidimensionnalité

Notre voyage à travers l'étrangeté quantique et les profondeurs de la conscience nous a conduits à questionner les limitations apparentes de l'espace et du temps. Nous avons vu comment la non-localité et l'intrication suggèrent des connexions qui transcendent la distance physique, et comment la nature même du temps peut être plus fluide et moins linéaire que notre expérience quotidienne ne l'indique. Maintenant, nous oserons faire un pas de plus et demander : la structure même de la réalité se limite-t-elle aux trois dimensions spatiales (longueur, largeur, hauteur) et à l'unique dimension temporelle que nous percevons ? Ou le cosmos pourrait-il être considérablement plus complexe, abritant des dimensions supplémentaires ou même des univers parallèles qui coexistent avec le nôtre, invisibles à nos sens, mais peut-être accessibles à la conscience ou détectables par de futures découvertes scientifiques ?

L'idée de dimensions supplémentaires peut sonner comme de la pure science-fiction, mais elle émerge de manière étonnamment naturelle dans certaines des théories les plus avancées de la physique fondamentale qui cherchent à unifier les lois de la nature. La Théorie des Cordes et sa successeure, la Théorie-M, par exemple, qui postulent que les particules fondamentales sont en réalité de minuscules cordes ou membranes vibrantes, exigent mathématiquement l'existence de dimensions spatiales additionnelles pour être cohérentes. Selon la version de la théorie, six, sept ou même plus de dimensions supplémentaires pourraient être nécessaires, en plus des trois que nous connaissons.

Où se trouveraient ces dimensions cachées ? L'explication la plus courante est qu'elles seraient "compactifiées", c'est-à-dire enroulées sur elles-mêmes à une échelle incroyablement petite, beaucoup plus petite qu'un atome (peut-être à l'échelle de Planck, la plus petite échelle physique significative). Imaginez un tuyau d'arrosage : de loin, il semble unidimensionnel, juste une ligne. Mais pour une fourmi marchant dessus, le tuyau a une deuxième dimension circulaire autour de sa circonférence. De même, les dimensions supplémentaires de la théorie des cordes pourraient être si petites que nous, êtres macroscopiques, ne les percevons pas directement dans notre quotidien, bien qu'elles jouent un rôle crucial dans la détermination des propriétés des particules et des forces fondamentales.

Une autre idée radicale qui émerge de la physique théorique, cette fois de l'interprétation même de la mécanique quantique, est celle du *Multivers* ou de l'*Interprétation des Mondes Multiples* (Many-Worlds Interpretation - MWI), proposée par Hugh Everett III en 1957. Confronté au problème de l'effondrement de la fonction d'onde (pourquoi un seul résultat se manifeste-t-il alors que plusieurs sont possibles ?), Everett proposa une solution élégante, bien qu'ahurissante : il n'y a pas d'effondrement ! Au lieu de cela, *toutes* les possibilités contenues dans la fonction d'onde quantique se réalisent, chacune dans un univers parallèle séparé qui se ramifie du nôtre au moment de la mesure ou de l'interaction quantique. Chaque fois qu'un événement quantique avec plusieurs résultats possibles se produit (ce qui arrive tout le temps, partout), l'univers se divise en multiples univers, un pour chaque résultat. Il existerait ainsi d'innombrables univers parallèles coexistant avec le nôtre, certains presque identiques, d'autres radicalement différents, chacun représentant un déroulement différent de l'histoire quantique. Bien que cette idée défie le sens commun et soit, jusqu'à présent, impossible à vérifier expérimentalement (car les univers parallèles, par définition, n'interagiraient pas avec le nôtre après la division), la MWI est considérée comme une interprétation sérieuse et mathématiquement cohérente de la mécanique quantique par de nombreux physiciens éminents, car elle élimine la nécessité du postulat ad hoc de l'effondrement et préserve le déterminisme de l'équation de Schrödinger à un niveau plus large (le niveau du multivers dans son ensemble).

    Ce qui est fascinant, c'est que ces spéculations de la physique d'avant-garde sur les dimensions supplémentaires et les univers parallèles trouvent des échos surprenants dans les cosmologies et les descriptions de la réalité trouvées dans d'innombrables traditions spirituelles, ésotériques et mystiques à travers le monde. Bien avant la Théorie des Cordes ou la MWI, diverses cultures ont décrit le cosmos non pas comme une entité unique et monolithique, mais comme une structure multi-couches, composée de différents *plans d'existence*, *sphères* ou *dimensions*. Les modèles théosophiques, gnostiques, kabbalistiques et d'autres écoles de mystères décrivent fréquemment une hiérarchie de plans qui interpénètrent le monde physique, comme le plan éthérique (associé à l'énergie vitale), le plan astral (associé aux émotions et aux rêves, souvent vu comme le royaume habité par les âmes après la mort), le plan mental (associé aux pensées et aux idées) et des plans spirituels encore plus élevés (causal, bouddhique, atmique). Chaque plan serait caractérisé par une "vibration" ou une "substance" plus subtile que celle du plan inférieur et serait habité par des êtres ou des consciences appropriés à ce niveau de réalité. L'idée est que la réalité physique que nous percevons n'est que la manifestation la plus dense d'une structure cosmique beaucoup plus vaste et complexe. Ces plans ne seraient pas nécessairement "au-dessus" ou "en dessous" dans l'espace physique, mais interpénètreraient notre réalité, existant dans différentes "dimensions" ou "fréquences" vibratoires.

La concordance entre ces cosmologies spirituelles et les spéculations scientifiques est remarquable. Le "plan astral" décrit par les mystiques et les projecteurs astraux pourrait-il être, d'une certaine manière, analogue à l'une de ces dimensions supplémentaires postulées par la physique, ou peut-être à un univers parallèle proche du nôtre, accessible à la conscience sous certaines conditions ? Les "êtres de lumière" ou "guides spirituels" rapportés dans les expériences de mort imminente ou la médiumnité pourraient-ils être des habitants de ces autres dimensions ou plans d'existence ? Bien qu'il soit prématuré et peut-être naïf de tracer des équivalences directes, la résonance conceptuelle est indéniable et suggère que la science et la spiritualité pourraient tâtonner, de manières différentes, vers la même vérité d'une réalité multidimensionnelle.

Au-delà des descriptions cosmologiques, il y a aussi des récits d'expériences subjectives qui semblent corroborer l'idée d'un accès à d'autres dimensions. Les individus ayant vécu des Expériences de Mort Imminente (EMI) profondes décrivent fréquemment la sensation de quitter le corps physique et d'entrer dans des royaumes de lumière, de paix et de connaissance qui semblent radicalement différents de notre réalité tridimensionnelle, rencontrant parfois des parents décédés ou des êtres lumineux. Les praticiens de la projection astrale ou des voyages hors du corps affirment être capables d'explorer consciemment ces royaumes non physiques. Les médiums et les canalisateurs prétendent communiquer avec des intelligences ou des consciences résidant sur ces autres plans. Même des expériences comme les rêves lucides intenses ou les états visionnaires induits par une méditation profonde ou des substances psychoactives peuvent parfois donner la sensation vive d'entrer dans des réalités alternatives cohérentes et complexes. Bien que l'interprétation de ces expériences soit complexe (pouvant impliquer des processus cérébraux, psychologiques et peut-être véritablement transcendantaux), elles contribuent au sentiment que la réalité que nous percevons pourrait n'être que la pointe de l'iceberg cosmique.

La possibilité de la multidimensionnalité nous invite à une profonde humilité et ouverture d'esprit. Nos sens ont évolué pour nous aider à survivre dans un environnement physique tridimensionnel spécifique, et nos instruments scientifiques actuels sont également limités dans leur capacité à sonder la réalité. Ce n'est pas parce que nous ne voyons, n'entendons ou ne mesurons pas directement d'autres dimensions ou univers qu'ils n'existent pas. Les mathématiques, le langage fondamental de la physique, permettent et suggèrent même l'existence d'espaces avec beaucoup plus de dimensions que les trois que nous expérimentons. Les traditions spirituelles, basées sur l'exploration intérieure de la conscience, décrivent constamment une réalité multi-couches. Peut-être la science et la spiritualité nous offrent-elles des aperçus complémentaires d'un cosmos dont l'immensité et la complexité dépassent notre imagination actuelle.

Par conséquent, l'idée de multidimensionnalité, que ce soit sous forme de dimensions spatiales supplémentaires, d'univers parallèles ou de plans spirituels vibratoires, élargit radicalement notre concept de réalité. Elle suggère que l'univers visible pourrait n'être qu'une membrane ou une tranche au sein d'un "Multivers" ou "Omnivers" beaucoup plus grand. Cette perspective a des implications profondes pour notre compréhension de la nature de la conscience, de la possibilité de vie après la mort et du voyage de l'Âme Quantique à travers différents niveaux d'existence. Elle nous rappelle que nous sommes citoyens d'un cosmos potentiellement infini dans sa créativité et son mystère, nous invitant à explorer non seulement l'univers extérieur, mais aussi les dimensions intérieures de notre propre conscience, qui pourraient être la clé pour accéder à ces autres réalités.

Chapitre 19
Univers Holographique

Alors que nous nous enfonçons dans la nature interconnectée et multidimensionnelle de la réalité suggérée par la physique quantique et l'exploration de la conscience, nous rencontrons une idée encore plus radicale et unificatrice : l'hypothèse de l'Univers Holographique. Cette perspective fascinante propose que l'univers, dans sa totalité ou dans des aspects fondamentaux de son fonctionnement, pourrait être structuré comme un hologramme gigantesque. Dans un hologramme, chaque partie individuelle contient des informations sur le tout, d'une manière qui défie notre compréhension usuelle de l'espace et de l'information. Si cette hypothèse est correcte, elle aurait des implications profondes pour notre compréhension de la réalité, de la conscience et de notre propre nature intrinsèquement connectée au cosmos.

Pour comprendre l'idée, nous devons d'abord comprendre ce qu'est un hologramme. Différent d'une photographie ordinaire, qui capture une image bidimensionnelle où chaque point du film correspond à un point de la scène, un hologramme est un enregistrement tridimensionnel créé par l'interférence de faisceaux de lumière laser. Un faisceau laser est divisé :

une partie illumine l'objet à enregistrer et la lumière réfléchie par celui-ci est dirigée vers une plaque photographique spéciale ; l'autre partie du faisceau (le faisceau de référence) est dirigée directement vers la même plaque. Le motif complexe d'interférence entre ces deux faisceaux est ce qui est enregistré sur la plaque holographique. Lorsque cette plaque est ensuite illuminée par un faisceau laser similaire au faisceau de référence original, elle recrée le champ lumineux original de l'objet, générant une image tridimensionnelle qui semble flotter dans l'espace, avec profondeur et parallaxe (l'image change lorsque l'observateur bouge la tête).

La propriété la plus surprenante de l'hologramme, cependant, est la *non-localité de l'information* : si vous cassez la plaque holographique en morceaux, chaque morceau individuel, une fois illuminé, sera capable de reconstruire l'image tridimensionnelle entière (bien qu'avec moins de détails ou de clarté que l'hologramme complet). L'information sur le tout est distribuée, d'une certaine manière, sur toute l'étendue du film.

Cette propriété unique des hologrammes a inspiré deux penseurs éminents, travaillant indépendamment dans des domaines différents, à proposer que l'univers ou l'esprit pourraient fonctionner selon des principes holographiques. Le physicien David Bohm, collaborateur d'Einstein et l'un des penseurs les plus profonds sur les fondements de la mécanique quantique, a proposé une vision de la réalité basée sur deux ordres : l'*ordre explicite*, qui est le monde manifesté des formes, objets et événements séparés que nous percevons dans l'espace et le temps ; et l'*ordre implicite*, un niveau de réalité plus profond, non manifesté, où tout est interconnecté et enroulé (enfolded). Pour Bohm, l'ordre explicite se déploie (unfolds) continuellement à partir de l'ordre implicite, et l'ordre implicite est présent partout. Il a utilisé l'analogie d'un hologramme pour décrire cette relation : tout comme l'image 3D (ordre explicite) émerge de la plaque holographique (qui contient l'information enroulée de l'ordre implicite), l'univers manifesté émerge d'un fond plus fondamental où tout est interconnecté. La séparation apparente dans l'ordre explicite serait une illusion, car dans l'ordre implicite, tout est un.

Parallèlement, le neuroscientifique Karl Pribram, de l'Université de Stanford, luttait pour comprendre comment le cerveau stocke les souvenirs. Il a remarqué que les souvenirs ne semblent pas être localisés dans des zones spécifiques du cerveau ; des lésions cérébrales étendues peuvent nuire à la capacité de se souvenir, mais effacent rarement complètement des souvenirs spécifiques. Cela l'a conduit à proposer le *modèle holonomique du cerveau*, suggérant que les souvenirs ne sont pas stockés dans des neurones individuels, mais plutôt distribués dans tout le cerveau (ou de grandes régions de celui-ci) sous forme de motifs d'interférence neuronale, de manière analogue à un hologramme. La perception pourrait également fonctionner holographiquement, le cerveau traitant les fréquences et les motifs du monde extérieur et les transformant en notre expérience concrète. Lorsque Bohm et Pribram prirent connaissance du travail l'un de l'autre, ils réalisèrent la profonde synergie entre leurs idées, conduisant au développement du modèle de l'"Univers Holographique Bohm-Pribram", qui suggère que le cerveau fonctionne holographiquement pour accéder à une réalité qui est, elle-même, holographique dans sa nature fondamentale.

Plus récemment, et de manière indépendante, l'idée d'un principe holographique a émergé d'un domaine très différent de la physique théorique : l'étude des trous noirs et la recherche d'une théorie quantique de la gravité, en particulier dans le contexte de la Théorie des Cordes. Des physiciens comme Gerard 't Hooft et Leonard Susskind ont découvert que la quantité maximale d'information pouvant être contenue dans une région de l'espace n'est pas proportionnelle à son volume (comme on pourrait s'y attendre), mais plutôt à l'aire de sa surface limite. Ceci est particulièrement évident pour les trous noirs, où l'on postule que toute l'information sur ce qui y est tombé est, d'une certaine manière, codée dans les fluctuations quantiques à la surface de l'horizon des événements (la frontière sans retour du trou noir). Cette relation surprenante entre information, volume et aire a conduit à la formulation du *Principe Holographique* : l'idée que la description complète d'un système physique tridimensionnel pourrait être équivalente à une théorie quantique opérant uniquement sur la frontière bidimensionnelle de ce système. En d'autres termes, notre réalité tridimensionnelle familière pourrait être, dans un sens fondamental, une projection holographique d'informations codées sur une surface distante, peut-être aux confins de l'univers observable.

Bien qu'il s'agisse encore d'un domaine de recherche actif et spéculatif, le Principe Holographique est devenu une idée influente en physique théorique, suggérant que la nature holographique de la réalité pourrait être plus qu'une simple métaphore.

L'idée d'un univers holographique, où le tout est contenu dans chaque partie, résonne de manière extraordinaire avec des principes fondamentaux trouvés dans d'anciennes traditions de sagesse ésotérique et spirituelle. La maxime hermétique "Ce qui est en haut est comme ce qui est en bas ; ce qui est en bas est comme ce qui est en haut", trouvée dans la Table d'Émeraude, exprime succinctement cette correspondance entre différents niveaux de réalité. Le concept de *microcosme et macrocosme*, présent dans de nombreuses cultures, enseigne que l'être humain (le microcosme) est un reflet miniature de l'univers entier (le macrocosme), contenant en lui tous les éléments et lois qui gouvernent le cosmos. "Connais-toi toi-même et tu connaîtras l'univers et les dieux", disait l'inscription sur l'Oracle de Delphes. Si l'univers fonctionne holographiquement, alors cette correspondance n'est pas seulement symbolique ; chaque partie contient ou reflète littéralement l'information du tout. L'idée spirituelle de l'"étincelle divine", de l'"Atman" ou de la "nature de Bouddha" présente dans chaque être sensible trouve un modèle plausible dans l'hologramme : l'essence de la Réalité Ultime (Dieu, Brahman, Conscience Cosmique) n'est pas seulement "là-bas", mais aussi enroulée à l'intérieur de chaque conscience individuelle. Nous sommes comme des gouttes d'eau, chacune reflétant en elle-même l'image entière du vaste océan.

La géométrie fractale, découverte par les mathématiques modernes mais présente intuitivement dans l'art et la nature, offre une autre belle analogie pour le principe holographique. Les fractales sont des motifs complexes qui présentent une *auto-similarité* – la même forme de base se répète à des échelles de plus en plus petites. Pensez à un flocon de neige, une feuille de fougère ou le littoral d'un continent : en agrandissant une petite partie, vous trouvez des motifs similaires au motif général. La structure du tout est reflétée dans ses parties. Cette caractéristique "holographique" des fractales suggère que la nature pourrait employer des principes de conception similaires, où la complexité émerge de la répétition de motifs simples à différentes échelles, reflétant une unité sous-jacente.

L'expérience subjective peut également nous donner des aperçus de cette nature holographique. Dans des états de méditation profonde, des expériences de pointe ou des moments de connexion profonde avec la nature, certaines personnes rapportent une dissolution des frontières entre le moi et le monde, un sentiment d'unité où l'univers entier semble être contenu à l'intérieur de leur propre conscience, ou où elles perçoivent des motifs lumineux et interconnectés imprégnant tout. Ces expériences, souvent difficiles à décrire en langage courant, peuvent être interprétées comme des perceptions directes de l'ordre implicite ou de la nature holographique de la réalité, où la séparation est transcendée et l'unité fondamentale se révèle.

L'hypothèse de l'Univers Holographique offre donc un cadre conceptuel puissant et unificateur qui entrelace physique de pointe, neuroscience et sagesse spirituelle. Elle suggère une réalité où l'information est fondamentale et distribuée de manière non-locale, où chaque partie contient l'essence du tout, et où nous sommes tous intrinsèquement connectés, non seulement par des fils externes, mais en étant, en nous-mêmes, des reflets et des porteurs du cosmos entier. Cette vision inspire un profond sentiment d'unité et d'appartenance, et nous rappelle que le voyage pour comprendre l'univers et le voyage pour nous comprendre nous-mêmes sont, en fin de compte, la même quête de la totalité qui réside à la fois à l'extérieur et à l'intérieur de nous.

Chapitre 20
Conscience Quantique

Notre voyage jusqu'ici nous a révélé un univers quantique étrange et merveilleux, un royaume d'énergie, de potentialité, d'interconnexion et de participation qui défie notre intuition classique. Nous avons exploré comment ces principes peuvent offrir de nouvelles perspectives sur la nature de la réalité, la relation entre matière et esprit, et même la possibilité d'un esprit collectif ou non-local. Nous arrivons maintenant au point de convergence le plus intime et peut-être le plus crucial : la tentative d'appliquer directement les principes de la physique quantique pour dévoiler le plus grand de tous les mystères – la nature de la conscience elle-même. Les phénomènes quantiques pourraient-ils ne pas être seulement une analogie ou une toile de fond pour la conscience, mais bien le mécanisme même par lequel elle émerge et opère ? La clé du "problème difficile" de l'expérience subjective serait-elle cachée dans les lois qui gouvernent le monde subatomique ?

La vision traditionnelle en neuroscience, tout en reconnaissant l'immense complexité du cerveau, tend à le traiter comme une machine biologique fonctionnant selon les principes de la physique et de la chimie classiques. Les neurones déclenchent des signaux électriques, les neurotransmetteurs traversent les synapses – tout serait, en fin de compte, un processus computationnel hautement sophistiqué, bien qu'humide et biologique. La conscience serait une propriété émergente de cette computation classique, un logiciel tournant sur le matériel neuronal. Cependant, comme nous l'avons vu, expliquer *comment* et *pourquoi* cette computation classique devrait donner naissance à l'expérience subjective, au "ressenti" intérieur, reste un défi profond.

Cela a conduit certains scientifiques et philosophes à se demander si le modèle classique est suffisant. Et si le cerveau n'était pas seulement un ordinateur classique, mais aussi un *ordinateur quantique* d'un type spécial, exploitant les effets subtils et puissants du monde subatomique pour générer la conscience elle-même ?

L'une des théories les plus détaillées et débattues proposant une base quantique pour la conscience est la théorie Orch OR (Orchestrated Objective Reduction – Réduction Objective Orchestrée), développée par le physicien mathématicien Sir Roger Penrose et l'anesthésiologiste Stuart Hameroff. La théorie suggère que le siège de la conscience ne réside pas principalement dans les synapses entre les neurones, mais plutôt dans des structures beaucoup plus petites à l'intérieur d'eux : les *microtubules*. Les microtubules sont des composants du cytosquelette cellulaire, des cylindres protéiques creux jouant des rôles dans la structure cellulaire, le transport et la division. Hameroff a proposé que la structure régulière et quasi cristalline des microtubules pourrait leur permettre de soutenir des états de *cohérence quantique* – où de multiples composants (sous-unités de protéine tubuline à l'intérieur des microtubules) vibrent à l'unisson, maintenant un état de superposition quantique pendant un temps suffisant, protégés de l'environnement bruyant du cerveau.

Penrose, de son côté, a proposé un mécanisme physique pour l'effondrement de la fonction d'onde, appelé *Réduction Objective (OR)*. Il a soutenu que la superposition quantique ne peut pas croître indéfiniment, en particulier pour les systèmes plus grands, car elle créerait une superposition de l'espace-temps lui-même (en raison de la relativité générale) ; lorsque cette superposition atteint un certain seuil d'instabilité gravitationnelle (à l'échelle de Planck), elle s'effondrerait spontanément – une réduction *objective*, non dépendante d'un observateur externe. Dans la théorie Orch OR, ces événements de Réduction Objective se produisant de manière *orchestrée* à l'intérieur des microtubules cérébraux correspondraient aux moments discrets d'expérience consciente, aux "images" de notre perception. La conscience ne serait donc pas un processus computationnel continu, mais une séquence d'événements quantiques discrets se produisant dans la structure fine du cerveau. Le cerveau serait une machine quantique accordée pour générer des moments de proto-conscience qui s'intègrent dans notre expérience riche et continue.

D'autres chercheurs ont proposé des approches différentes pour relier la physique quantique à l'esprit.

Le physicien Henry Stapp, par exemple, fortement influencé par les idées de John von Neumann, suggère que l'esprit conscient (vu comme une entité peut-être distincte du cerveau physique, bien qu'interagissant avec lui) utilise activement les effets quantiques dans le cerveau pour exercer sa volonté. L'esprit pourrait utiliser ce qu'on appelle l'*Effet Zénon Quantique* (l'idée qu'observer répétitivement un système quantique peut le "geler" dans un état, empêchant son évolution – comme la bouilloire observée qui ne bout jamais) pour maintenir certains motifs d'activité neuronale (représentant des intentions ou des pensées) dans un état de superposition potentielle pendant une période. Lorsque l'esprit conscient décide d'agir, il libérerait cette "attention quantique", permettant à la fonction d'onde de s'effondrer et de déclencher l'action neuronale correspondante dans le cerveau. Dans cette vision, la conscience n'émerge pas du cerveau quantique, mais *utilise* plutôt la physique quantique du cerveau comme interface pour interagir avec le monde physique.

Une perspective philosophique qui a suscité un nouvel intérêt et qui peut être liée à une vision quantique est le *panpsychisme*. Le panpsychisme défie l'idée que la conscience est une propriété exclusive de systèmes complexes comme les cerveaux. Au lieu de cela, il propose que la conscience (ou une forme rudimentaire de proto-conscience) est une propriété *fondamentale* et omniprésente de la matière, tout comme la masse ou la charge électrique. Chaque particule élémentaire, chaque champ quantique, posséderait un degré minimum d'expérience subjective. La conscience complexe que nous expérimentons en tant qu'êtres humains n'émergerait pas de rien à partir de matière purement non-consciente, mais serait construite à partir de la combinaison et de l'organisation de ces blocs de construction conscients fondamentaux. Des théories comme la Théorie de l'Information Intégrée (IIT) de Giulio Tononi, qui cherche à mesurer la quantité de conscience dans un système en fonction de sa capacité à intégrer l'information, peuvent être considérées comme compatibles avec une forme de panpsychisme. Si la conscience est fondamentale dans la nature, le "problème difficile" se dissout – la question n'est pas de savoir comment la conscience émerge de la matière, mais comment la conscience fondamentale s'organise en formes plus complexes.

Allant encore plus loin, certains physiciens, comme Amit Goswami, défendent une forme d'*idéalisme moniste* basée sur l'interprétation de la mécanique quantique. Pour l'idéalisme quantique, la *conscience* est la réalité primaire et fondamentale, le "socle de tout être". L'univers matériel, y compris l'espace, le temps et la matière, n'existe pas indépendamment de la conscience, mais émerge plutôt *à partir d'elle* ou *en elle*. La mécanique quantique, avec son rôle central pour l'observateur, la non-localité et la nature probabiliste, est vue comme la physique qui décrit comment la Conscience Une et fondamentale se manifeste comme le monde multiple et apparemment matériel que nous percevons. L'effondrement de la fonction d'onde serait l'acte par lequel la Conscience choisit une possibilité et la rend réelle en elle-même.

Dans cette vision, la matière ne produit pas la conscience ; la Conscience produit (ou se manifeste comme) la matière.

Ce qui est remarquable dans toutes ces approches diverses – que ce soit l'Orch OR localisant la conscience dans des processus quantiques dans les microtubules, Stapp postulant l'esprit utilisant les effets quantiques cérébraux, le panpsychisme faisant de la conscience une propriété fondamentale de la matière, ou l'idéalisme quantique voyant la conscience comme la base même de la réalité – c'est la convergence vers l'idée que la conscience et le monde physique (particulièrement le quantique) sont intrinsèquement entrelacés. La science, dans sa quête pour expliquer l'esprit, est amenée à considérer sérieusement que la conscience n'est pas un épiphénomène secondaire, mais peut-être un aspect fondamental, voire primaire, de la structure de l'univers.

Cette tendance représente un rapprochement extraordinaire avec les visions du monde spirituelles qui, de diverses manières, ont toujours affirmé la primauté ou la fondamentalité de la Conscience, de l'Esprit ou de l'Esprit Cosmique. L'idée d'un Esprit omniprésent, d'une Conscience qui est la source et la substance de toute la création, trouve un écho inattendu dans ces théories scientifiques de pointe. La science, avec son langage rigoureux et sa méthodologie empirique, semble redécouvrir, de l'intérieur, la possibilité que l'univers soit beaucoup plus mental et conscient que le paradigme matérialiste ne le permettait d'imaginer.

Bien qu'aucune de ces théories quantiques de la conscience ne soit encore prouvée ou universellement acceptée, le simple fait qu'elles soient proposées et débattues sérieusement par des scientifiques de renom signale un changement potentiellement sismique dans notre compréhension. Elles suggèrent que l'"Âme Quantique" pourrait ne pas être seulement une métaphore poétique, mais peut-être une description plus littérale de notre nature en tant qu'êtres conscients immergés dans un univers quantique participatif. La recherche d'une théorie quantique de la conscience est la recherche de l'interface même entre l'esprit et la matière, promettant non seulement de révolutionner la science, mais aussi de valider et d'approfondir notre compréhension spirituelle de qui nous sommes et de notre place dans le cosmos.

Chapitre 21
Conscience au-delà du Corps

Nous arrivons maintenant à l'une des questions les plus profondes et universellement humaines : que nous arrive-t-il lorsque nous mourons ? La flamme de la conscience, cette expérience d'être qui nous accompagne tout au long de la vie, s'éteint-elle simplement lorsque le cerveau cesse de fonctionner ? Ou y aurait-il quelque chose en nous – une âme, un esprit, la conscience elle-même – qui persiste au-delà de la mort du corps physique ? Pendant des millénaires, religions et traditions spirituelles à travers le monde ont offert des réponses affirmatives, consolant et guidant l'humanité avec des récits sur l'immortalité de l'âme et l'existence d'une vie après la mort. La science moderne, dans sa majorité, a adopté une posture plus sceptique, tendant à voir la conscience comme un produit exclusif de l'activité cérébrale et, par conséquent, destinée à cesser avec la fin de cette activité. Cependant, au cours des dernières décennies, certaines lignes d'investigation scientifique et des récits d'expériences anormales ont commencé à défier cette vision purement matérialiste, ouvrant la possibilité que la conscience puisse, de fait, transcender les limites du corps physique.

La vision matérialiste standard est directe : l'esprit est ce que fait le cerveau. Toutes nos pensées, sentiments, souvenirs et la sensation même d'être sont générés par le réseau complexe de neurones et les processus biochimiques dans notre cerveau. Lorsque le cerveau subit des dommages irréversibles et meurt, la base physique de la conscience disparaît, et, par conséquent, la conscience doit également cesser. Tout récit d'expériences conscientes semblant se produire en dehors du cerveau fonctionnel serait, dans cette vision, attribué à des hallucinations, des processus cérébraux résiduels, des distorsions de la mémoire ou des constructions psychologiques. Cette perspective semble logique, étant donné la forte corrélation que nous observons entre la santé cérébrale et les états mentaux.

Toutefois, un corpus croissant de preuves empiriques défie cette conclusion apparemment inévitable. Les *Expériences de Mort Imminente (EMI)* représentent peut-être le défi le plus significatif. Il s'agit de récits vifs et souvent transformateurs faits par des personnes qui ont été déclarées cliniquement mortes (généralement par arrêt cardiaque, lorsque le cœur cesse de battre et que l'activité cérébrale détectable cesse ou est sévèrement compromise) et ont ensuite été réanimées. Bien qu'étant inconscientes du point de vue médical, beaucoup de ces personnes décrivent des expériences lucides, structurées et profondément significatives. Les récits partagent fréquemment des éléments communs notables, indépendamment de la culture, de l'âge ou de la croyance religieuse préalable de l'individu : une sensation écrasante de paix et de bien-être ; la sensation de quitter le corps physique et d'observer la scène (souvent son propre corps en cours de réanimation) d'une perspective externe (autoscopie) ; la sensation de se déplacer à travers un tunnel sombre vers une lumière brillante et accueillante ; la rencontre avec des êtres chers décédés ou des êtres perçus comme spirituels ou divins ; une revue panoramique et sans jugement de sa propre vie ; et, fréquemment, une réticence à retourner dans le corps physique, suivie d'une profonde transformation des valeurs et de la perspective de vie après l'expérience.

Du point de vue scientifique, l'aspect le plus intrigant des EMI sont les cas de *perception véridique*. Dans ces cas, les individus rapportent avoir observé, alors qu'ils étaient hors de leur corps et cliniquement morts, des détails spécifiques d'événements qui se sont produits dans la salle d'opération, dans d'autres chambres de l'hôpital ou même à l'extérieur de l'hôpital, détails qu'ils n'auraient pas pu percevoir par leurs sens normaux ou connaître par d'autres moyens. Par exemple, des descriptions précises de procédures médicales, des conversations entre l'équipe médicale, l'apparence d'instruments chirurgicaux spécifiques, ou des événements impliquant des membres de la famille dans des salles d'attente éloignées. Des chercheurs comme le Dr Raymond Moody (qui a popularisé le terme EMI dans son livre "La Vie après la vie"), le cardiologue néerlandais Dr Pim van Lommel, et des psychiatres comme le Dr Bruce Greyson et le Dr Sam Parnia (avec ses études AWARE, qui ont tenté de placer des cibles visuelles dans des endroits visibles uniquement d'une perspective élevée dans les salles de réanimation) ont documenté et analysé ces cas. La capacité d'avoir des perceptions claires, organisées et parfois véridiques pendant une période de dysfonctionnement cérébral sévère ou d'absence d'activité cérébrale détectable représente une énigme profonde pour le modèle qui assimile exclusivement la conscience à la fonction cérébrale normale.

Une autre ligne de recherche suggérant la continuité de la conscience au-delà d'une seule vie physique est l'investigation des *souvenirs spontanés de vies passées* chez de jeunes enfants. Le travail pionnier du Dr Ian Stevenson, psychiatre de l'Université de Virginie, et poursuivi par des collègues comme le Dr Jim Tucker, a documenté méticuleusement des milliers de cas à travers le monde. Typiquement, des enfants entre deux et cinq ans commencent à parler spontanément d'une vie antérieure, fournissant des détails étonnamment spécifiques sur les noms de personnes et de lieux, les relations familiales, l'occupation et, fréquemment, sur la manière dont ils sont morts dans la vie passée (souvent de manière violente ou prématurée). L'équipe de Stevenson cherchait alors à localiser une personne décédée dont les détails de vie correspondaient aux déclarations de l'enfant. Dans un nombre significatif de cas, il a été possible de trouver une correspondance et de vérifier objectivement de nombreux détails fournis par l'enfant, même ceux qui semblaient obscurs ou inconnus de la famille actuelle de l'enfant. De plus, dans certains cas, les enfants présentaient des comportements, des phobies ou des affinités inhabituels qui semblaient liés à la vie passée alléguée, ou possédaient même des marques de naissance ou des malformations congénitales qui correspondaient à des blessures mortelles (comme des marques de coups de feu ou de couteau) sur le corps de la personne décédée. Bien que des explications alternatives comme la fraude (rarement trouvée), la cryptomnésie (mémoire cachée d'informations acquises normalement) ou l'influence culturelle doivent être considérées, Stevenson a conclu que, dans les cas les plus forts, l'hypothèse de la réincarnation (la survie de la personnalité ou de la conscience sous une forme quelconque et sa renaissance dans un nouveau corps) semblait être l'explication la plus plausible.

Face à ces données empiriques stimulantes, certains scientifiques ont commencé à spéculer si la physique quantique elle-même pourrait offrir une perspective sur la possibilité de survie de la conscience. Comme nous l'avons vu, l'information, dans certains contextes de la physique (comme dans la thermodynamique des trous noirs), est considérée comme une entité fondamentale qui ne peut peut-être pas être détruite. La conscience, en tant que forme extrêmement complexe d'information organisée, pourrait-elle également être soumise à une sorte de principe de conservation ? Stuart Hameroff, promoteur de la théorie Orch OR de la conscience quantique dans les microtubules, a spéculé que l'information quantique constituant la conscience pourrait, au moment de la mort clinique, ne pas être détruite, mais plutôt "fuir" ou se dissiper dans le champ quantique fondamental de l'univers. Si la réanimation a lieu, cette information quantique pourrait, théoriquement, retourner aux microtubules cérébraux, expliquant la continuité de la conscience et les souvenirs rapportés dans les EMI. Il est important de réitérer qu'il s'agit d'une hypothèse hautement spéculative, basée sur une autre théorie spéculative (Orch OR), mais elle illustre une tentative de penser à la survie dans un cadre potentiellement physique. Alternativement, si nous adoptons une vision idéaliste ou panpsychiste (comme discuté dans le chapitre précédent), où la conscience est fondamentale et non un produit de la matière, alors la mort du cerveau serait seulement la fin de sa manifestation physique particulière, pas la fin de la conscience elle-même, qui continuerait d'exister dans le champ de conscience universel sous-jacent.

    Naturellement, ces lignes de preuves et de spéculations scientifiques résonnent directement avec les croyances fondamentales de la plupart des traditions spirituelles sur l'*âme immortelle*. L'idée que notre essence consciente survit à la mort du corps physique est un pilier d'espoir et de sens pour des milliards de personnes. Les EMI, avec leurs descriptions de royaumes de lumière et de rencontres avec des êtres spirituels, semblent offrir des aperçus cohérents avec de nombreuses visions traditionnelles de l'"au-delà". La recherche sur la réincarnation soutient directement la croyance en la continuité de l'âme à travers de multiples vies. Des concepts comme celui du *périsprit* dans le Spiritisme – un corps subtil, semi-matériel, qui enveloppe l'âme, sert de moule au corps physique et persiste après la mort, portant l'identité et les souvenirs – offrent un modèle explicatif pour la manière dont la conscience pourrait percevoir l'environnement lors d'une EMI hors du corps ou comment les souvenirs pourraient être transportés vers une nouvelle incarnation.

    La question de la survie de la conscience après la mort demeure, sans aucun doute, l'un des plus grands mystères de l'existence humaine. La science n'a pas encore de réponse définitive. Cependant, les preuves accumulées par l'étude rigoureuse des EMI et des cas suggestifs de réincarnation, combinées aux possibilités conceptuelles ouvertes par la physique quantique et la philosophie de l'esprit, défient sérieusement la vision simpliste selon laquelle la conscience n'est qu'un fantôme dans la machine qui disparaît lorsque la machine s'arrête. Ces indices suggèrent que la conscience pourrait être plus fondamentale, plus résiliente et moins dépendante du cerveau physique que le paradigme matérialiste ne le suppose. Ils offrent non pas une preuve irréfutable, mais un fondement rationnel pour l'espoir et l'ouverture d'esprit quant à la possibilité que notre voyage conscient continue au-delà de l'horizon de la mort physique. Cette possibilité est centrale à l'idée même d'une Âme Quantique – une entité de conscience et d'information qui peut, de fait, transcender les limitations du corps et du temps linéaire.

Chapitre 22
Pouvoir de l'Intention

Notre exploration de l'univers quantique nous a révélé une réalité étonnamment participative, où l'acte d'observer semble influencer ce qui est observé, où des connexions non-locales tissent une toile invisible à travers l'espace et où la conscience elle-même peut transcender les limites du corps et du temps. Si la conscience est si intrinsèquement liée au tissu du cosmos, une question d'un immense potentiel pratique et spirituel se pose : pouvons-nous aller au-delà de la simple observation passive ou de la perception anormale ? Nos pensées dirigées, nos volontés focalisées – nos *intentions* – pourraient-elles avoir le pouvoir d'influencer activement la réalité physique qui nous entoure ? L'idée que l'esprit peut affecter la matière, connue sous le nom de psychokinésie (PK) ou télékinésie, a longtemps été reléguée au domaine de la fantaisie ou de la pseudoscience, mais des recherches de pointe et des phénomènes bien établis comme l'effet placebo suggèrent que le pouvoir de l'intention pourrait être réel et mesurable.

Lorsque nous parlons d'"intention", nous faisons référence à quelque chose de plus qu'une pensée passagère ou un désir vague. L'intention implique une direction consciente de l'esprit, une focalisation mentale soutenue imprégnée de but, de volonté et, souvent, de sentiment. C'est la différence entre remarquer passivement un nuage dans le ciel et désirer activement qu'il se dissipe, en concentrant l'énergie mentale sur cet objectif. Alors que l'"effet de l'observateur" en physique quantique semble se produire même avec l'observation passive (bien que la définition d'"observation" soit complexe), l'investigation sur le pouvoir de l'intention se concentre explicitement sur la capacité de l'esprit à *diriger* une influence sur des systèmes physiques ou biologiques.

Pendant des décennies, des chercheurs dans le domaine de la parapsychologie et de la psychologie anormale ont tenté de détecter et de mesurer ces effets subtils de l'esprit sur la matière dans des environnements de laboratoire contrôlés, se concentrant principalement sur ce qu'on appelle la *micro-psychokinésie* (micro-PK) – l'influence mentale sur des systèmes probabilistes ou délicats à l'échelle microscopique. L'un des programmes de recherche les plus connus et controversés dans ce domaine a été mené au laboratoire PEAR (Princeton Engineering Anomalies Research) de l'Université de Princeton, sous la direction de Robert Jahn et Brenda Dunne, pendant près de trente ans. Dans leurs expériences les plus célèbres, des volontaires (appelés "opérateurs") étaient instruits de concentrer leur intention pour influencer la sortie de Générateurs de Nombres Aléatoires (RNGs). Ces dispositifs électroniques sont conçus pour produire des séquences de bits véritablement aléatoires (équivalents à lancer une pièce électronique des millions de fois par seconde). Les opérateurs tentaient de faire dévier la sortie des RNGs de l'aléa attendu (50% de 0 et 50% de 1), soit en direction de plus de 1 (High), de plus de 0 (Low), soit simplement pour maintenir la ligne de base (Baseline). Au fil de centaines d'expériences avec des dizaines d'opérateurs, le laboratoire PEAR a rapporté avoir accumulé des données montrant des déviations faibles mais statistiquement significatives et cohérentes, dans la direction de l'intention de l'opérateur. Curieusement, ils ont également observé des "signatures" individuelles – chaque opérateur semblait produire un motif caractéristique de déviation, indépendamment de l'intention (High ou Low). Bien que la méthodologie et l'interprétation statistique du PEAR aient fait l'objet d'un débat intense dans la communauté scientifique, leurs résultats demeurent un ensemble de données anormales défiant une explication purement fortuite. Des recherches similaires avec des RNGs menées par d'autres laboratoires à travers le monde ont également rapporté des effets faibles mais significatifs, suggérant que l'intention humaine focalisée peut, de fait, exercer une influence subtile sur des événements aléatoires.

En dehors de l'environnement rigoureux, mais limité, des RNGs, d'autres chercheurs ont exploré l'influence de l'intention sur des systèmes biologiques ou physiques plus complexes. Un exemple qui a gagné une immense popularité, bien qu'il manque de validation scientifique rigoureuse, est le travail du Japonais Masaru Emoto avec les cristaux d'eau. Emoto affirmait que la structure moléculaire de l'eau pouvait être affectée par l'intention humaine. Il exposait des échantillons d'eau à différents stimuli – mots écrits (comme "amour et gratitude" ou "haine"), musiques, prières ou pensées dirigées – puis congelait rapidement de petites gouttes de cette eau, photographiant les cristaux de glace résultants sous un microscope. Ses photographies, largement diffusées, montraient que l'eau exposée à des intentions "positives" tendait à former de beaux cristaux de glace complexes et symétriques, semblables à des flocons de neige parfaits, tandis que l'eau exposée à des intentions "négatives" formait des structures laides, déformées et chaotiques, ou ne formait même pas de cristaux. Il est crucial de noter que le travail d'Emoto a été sévèrement critiqué par la communauté scientifique pour de graves failles méthodologiques (manque de contrôles adéquats, sélection subjective des images, manque de réplication indépendante). Par conséquent, ses conclusions ne peuvent être considérées comme scientifiquement prouvées. Cependant, l'immense résonance populaire de ses images témoigne de la profondeur avec laquelle l'idée que nos pensées et émotions peuvent affecter la matière résonne avec l'intuition humaine. Cela sert, au minimum, de puissante métaphore visuelle pour le principe de l'intention.

Si l'influence de l'esprit sur des systèmes externes comme les RNGs ou (potentiellement) l'eau reste controversée, il existe un domaine où le pouvoir de l'esprit sur la matière est scientifiquement indéniable : notre propre corps. L'*effet placebo* est un exemple robuste et bien documenté de cette connexion esprit-corps. Dans les études cliniques, on observe constamment qu'un pourcentage significatif de patients recevant un traitement inerte (comme une pilule de sucre ou une injection de solution saline), mais croyant recevoir un médicament réel, expérimente des améliorations réelles et mesurables de leurs symptômes. Cette croyance et cette attente positives peuvent déclencher des réponses physiologiques concrètes : libération d'endorphines (analgésiques naturels du corps), modulation du système immunitaire, altérations de l'activité cérébrale et des niveaux de neurotransmetteurs, et même, dans certains cas, la réduction de tumeurs ou la guérison de conditions objectives. L'effet placebo n'est pas "juste psychologique" ; c'est la démonstration claire qu'un état mental (croyance, attente) peut produire des changements physiques tangibles dans le corps. Le phénomène inverse, l'*effet nocebo*, où des attentes négatives peuvent entraîner de moins bons résultats de santé, est également réel. L'effet placebo/nocebo fournit une preuve scientifique irréfutable que l'esprit a un pouvoir sur la matière – au moins, la matière de notre propre corps.

Comment, alors, l'intention pourrait-elle fonctionner, en particulier sur des systèmes externes ? Les mécanismes exacts restent inconnus et spéculatifs. L'intention focalisée pourrait-elle agir au niveau quantique, influençant subtilement les probabilités inhérentes aux systèmes aléatoires, peut-être en "guidant" l'effondrement de la fonction d'onde dans une direction préférée ? L'intention pourrait-elle imprimer des informations dans des champs sous-jacents (le vide quantique, les champs morphiques, le Champ Akashique), qui interagissent ensuite avec la matière ? Ou l'esprit non-local serait-il capable d'interagir directement avec des systèmes distants par des connexions que nous ne comprenons pas encore ? Toutes ces possibilités sont intrigantes et émergent de la vision du monde quantique et holistique que nous construisons, mais elles nécessitent beaucoup plus d'investigation.

Indépendamment du mécanisme exact, l'idée du pouvoir de l'intention est profondément enracinée dans les pratiques humaines universelles et les enseignements spirituels. La *prière*, dans de nombreuses traditions, n'est pas vue seulement comme une demande à une divinité, mais comme un acte de diriger une énergie mentale et spirituelle focalisée vers la guérison, la protection ou la manifestation d'un bien. Les *bénédictions* sur la nourriture, les personnes ou les lieux sont des actes intentionnels visant à imprégner d'énergie positive. Les techniques de *visualisation créative* et de *répétition mentale*, utilisées par les athlètes pour améliorer leurs performances, par les patients pour aider à la guérison, et par les personnes en quête d'objectifs personnels, reposent sur le principe de créer une image mentale claire et chargée d'émotion du résultat désiré, comme moyen de l'attirer ou de le faciliter. Le simple fait de *définir une intention* claire pour la journée, pour une réunion ou pour un projet peut aider à diriger notre concentration, notre énergie et nos actions de manière plus efficace.

Un ancien adage spirituel affirme que "l'énergie suit la pensée". Cela résume l'idée que nos pensées ne sont pas des événements mentaux passifs et isolés, mais plutôt des formes d'énergie et d'information qui ont une tendance inhérente à se manifester dans le monde. La qualité de nos pensées et, plus important encore, la force et la clarté de nos intentions focalisées, détermineraient la qualité de l'énergie que nous émettons et, par conséquent, les expériences que nous attirons ou créons. L'intention, lorsqu'elle est chargée d'émotion positive (comme la foi, l'amour, la gratitude) et maintenue avec constance, serait une force créatrice puissante dans l'univers participatif.

Reconnaître le potentiel pouvoir de nos intentions est une invitation à devenir plus conscients et responsables de notre monde intérieur. Nos pensées et volontés ne sont pas triviales ; elles portent de l'énergie et de l'information qui peuvent résonner dans le tissu de la réalité. Cultiver des pensées positives, clarifier nos intentions en les alignant sur nos valeurs les plus profondes, et focaliser notre énergie mentale avec but et sentiment peuvent être les premiers pas pour façonner notre expérience de vie de manière plus consciente et constructive. Le pouvoir de l'intention ne concerne pas le contrôle magique et égoïste du monde, mais la participation harmonieuse à la danse créative entre la conscience et l'univers, un aspect fondamental de l'expérience de l'Âme Quantique.

Chapitre 23
Manifestation

Si notre intention focalisée peut exercer une influence subtile sur les systèmes physiques et biologiques, comme le suggèrent la recherche sur la psychokinésie et l'indéniable effet placebo, cela nous conduit à une application encore plus large et personnelle de ce pouvoir : la *manifestation*. Ce terme, devenu prééminent dans de nombreux courants spirituels contemporains et dans la littérature de développement personnel, fait référence au processus consistant à amener consciemment dans la réalité physique nos désirs, visions ou objectifs, en utilisant le pouvoir créatif de notre propre conscience en partenariat avec l'univers. Loin d'être une simple fantaisie ou une pensée positive superficielle, la manifestation, lorsqu'elle est comprise dans un contexte intégrant les perspectives quantiques, psychologiques et spirituelles, peut être vue comme une application pratique et responsabilisante de notre nature de co-créateurs dans un univers participatif.

Que signifie donc "manifester" ? Essentiellement, c'est le processus de rendre réel, tangible, quelque chose qui n'existe initialement que comme une pensée, une image mentale, un désir ou une intention. C'est l'art et la science de traduire un projet intérieur en une expérience extérieure.

Selon de nombreux enseignements métaphysiques, y compris ceux popularisés sous l'étiquette de la "Loi de l'Attraction" (comme dans l'œuvre "Le Secret"), l'univers fonctionne selon un principe fondamental : le semblable attire le semblable. Nos pensées et émotions prédominantes ne sont pas des événements isolés et privés ; elles émettent une signature vibratoire, une fréquence énergétique spécifique. L'univers, étant lui-même un vaste champ d'énergie et de potentialité, répond à cette vibration, attirant dans notre expérience des circonstances, des personnes, des opportunités et des résultats qui résonnent avec notre fréquence dominante. Les pensées et sentiments de joie, d'amour, de gratitude et d'abondance tendraient à attirer des expériences positives correspondantes, tandis que les pensées et sentiments de peur, de manque, de colère ou de ressentiment tendraient à attirer des circonstances négatives. La clé de la manifestation, dans cette vision, serait d'aligner consciemment notre vibration intérieure sur ce que nous désirons expérimenter à l'extérieur.

Cette idée de vibrations et d'attraction trouve des parallèles métaphoriques intéressants dans les concepts quantiques que nous avons explorés. Si l'univers, à son niveau fondamental, est un champ de potentialités (décrit par la fonction d'onde) attendant d'être actualisées par l'observation ou l'interaction, alors maintenir une vision claire, focalisée et chargée d'émotion du résultat désiré pourrait être analogue à "effondrer" de manière répétée la fonction d'onde de notre vie dans cette direction spécifique. Notre conscience focalisée agirait comme l'"observateur" qui sélectionne et actualise constamment cette possibilité parmi les nombreuses existant dans le champ quantique de notre réalité personnelle. Nous pourrions également penser à notre esprit comme un "aimant vibrationnel". Nos pensées et émotions créent un champ vibratoire autour de nous, et ce champ interagit avec le champ universel d'énergie et d'information, attirant par résonance les expériences et opportunités qui correspondent à notre émission. La physique quantique, en révélant un univers interconnecté, participatif et basé sur les probabilités, fournit une toile de fond conceptuelle où l'idée que la conscience peut influencer la réalité devient moins invraisemblable.

Parallèlement, la psychologie offre des mécanismes bien établis qui soutiennent l'efficacité de la mentalité dans la réalisation des objectifs. Le phénomène de la *prophétie auto-réalisatrice* démontre que nos croyances et attentes concernant l'avenir peuvent, de fait, influencer notre comportement de manières (souvent inconscientes) qui aident à rendre ces croyances réalité. Si nous croyons profondément que nous allons échouer à une tâche, nous pouvons nous sentir anxieux, procrastiner ou ne pas faire assez d'efforts, augmentant ainsi la probabilité d'échec. Inversement, si nous croyons en notre capacité de réussir, nous avons tendance à être plus persévérants, créatifs dans la résolution de problèmes et ouverts aux opportunités, ce qui augmente les chances de succès.

Des études sur l'"Effet Pygmalion" montrent comment les attentes positives des enseignants peuvent conduire à de meilleures performances des élèves, et comment les attentes des gestionnaires peuvent influencer la productivité des employés. Notre mentalité – qu'elle soit optimiste ou pessimiste, de croissance ou fixe – crée des filtres à travers lesquels nous percevons le monde et guide nos actions, façonnant de manière significative les résultats que nous obtenons.

En intégrant ces perspectives – la métaphysique de la Loi de l'Attraction, les analogies quantiques et les aperçus de la psychologie – nous pouvons voir la manifestation non pas comme un coup de baguette magique instantané ou une simple pensée positive détachée de l'action, mais plutôt comme un processus dynamique de *co-création*. C'est un partenariat entre notre conscience et l'univers, impliquant à la fois l'alignement intérieur et l'action inspirée dans le monde extérieur. Il ne suffit pas de désirer quelque chose ; il faut aligner nos pensées, nos croyances et, de manière cruciale, nos émotions sur la réalité désirée, en cultivant le sentiment de la posséder déjà ou qu'elle est inévitable. Mais il faut aussi être attentif et agir sur les idées, les intuitions, les synchronicités et les opportunités que l'univers nous présente en réponse à notre vibration et intention. La manifestation efficace implique cette danse harmonieuse entre l'être (état intérieur) et le faire (action extérieure).

Il existe d'innombrables exemples, tant anecdotiques que dans certains domaines de recherche, qui illustrent ce processus. Les athlètes d'élite utilisent couramment des techniques de visualisation et de répétition mentale pour programmer leur corps et leur esprit au succès, imaginant vivement la performance parfaite et ressentant l'émotion de la victoire avant même la compétition. Dans le domaine de la santé, outre l'effet placebo, il existe des récits de patients ayant utilisé des visualisations focalisées (comme imaginer des cellules de défense combattant la maladie) en complément du traitement médical, attribuant une partie de leur rétablissement ou de leur bien-être à cette pratique mentale. De nombreuses personnes attribuent l'atteinte d'objectifs significatifs dans leur carrière, leurs relations ou leurs finances à l'application constante de principes de manifestation, tels que la définition d'intentions claires, la pratique d'affirmations positives, la culture de la gratitude et l'action confiante vers leurs rêves.

Diverses techniques peuvent aider dans ce processus d'alignement intérieur pour la manifestation :

Visualisation Créative : Créer des images mentales vives et détaillées du résultat désiré comme s'il était déjà réel, en impliquant tous les sens et, surtout, en ressentant les émotions positives associées à cette réalité (joie, gratitude, soulagement, amour).

Affirmations Positives : Formuler et répéter des déclarations courtes, positives et au présent qui décrivent la réalité désirée comme déjà existante (par exemple, "Je suis en bonne santé, prospère et heureux", "Des opportunités merveilleuses affluent facilement vers moi"). La répétition aide à reprogrammer les croyances limitantes dans le subconscient.

Pratique de la Gratitude : Cultiver délibérément des sentiments d'appréciation pour ce que l'on a déjà dans la vie et aussi pour la réalisation du désir comme s'il s'était déjà produit. On croit que la gratitude élève la fréquence vibratoire et ouvre le flux à plus d'abondance.

Agir "Comme Si" : Commencer à prendre des décisions et à se comporter de manières alignées avec la personne que vous seriez ou la vie que vous auriez si votre désir était déjà réalité. Cela aide à incarner la nouvelle identité et à signaler à l'univers votre préparation.

Il est important d'aborder la manifestation avec responsabilité et conscience éthique. L'objectif ne doit pas être de contrôler les autres ou de rechercher des gains purement égoïstes aux dépens de tiers, mais plutôt de créer une réalité alignée sur notre objectif le plus élevé et contribuant au bien-être général. L'intention doit venir d'un lieu d'intégrité et d'amour.

En somme, la manifestation peut être comprise comme une application pratique et responsabilisante des principes d'un univers conscient, interconnecté et participatif. Elle nous rappelle notre rôle de co-créateurs de notre expérience de vie. En apprenant à maîtriser notre monde intérieur – nos pensées, croyances et émotions – et à aligner nos actions sur nos intentions les plus élevées, nous pouvons commencer à participer plus consciemment à la danse de la création, façonnant notre réalité en partenariat avec les lois subtiles du cosmos. La manifestation consciente est une expression de l'Âme Quantique en action, utilisant le pouvoir de l'esprit pour tisser la tapisserie de son propre voyage.

Chapitre 24
Guérison Quantique

Si nous sommes des êtres fondamentalement énergétiques, dont la conscience participe à la création de la réalité et dont l'esprit et le corps sont intrinsèquement liés, comment cette compréhension transforme-t-elle notre vision de la santé, de la maladie et de la guérison ? La médecine conventionnelle a fait des progrès extraordinaires en se concentrant sur les aspects physiques et biochimiques du corps, le traitant souvent comme une machine complexe qui peut être réparée par des interventions externes, telles que les médicaments et les chirurgies. Cependant, une perspective intégrant les aperçus de la physique quantique et de la sagesse spirituelle suggère que la santé est bien plus que l'absence de maladie physique. Elle implique un équilibre dynamique entre le corps, l'esprit, les émotions et l'âme, et la guérison profonde peut être catalysée par des changements se produisant aux niveaux les plus subtils de notre conscience et de notre énergie. C'est dans ce contexte qu'émerge le concept de "Guérison Quantique".

Le terme, popularisé par des auteurs comme le médecin et écrivain Deepak Chopra, ne signifie pas nécessairement appliquer des équations quantiques complexes directement au traitement des maladies. Il désigne plutôt une approche holistique de la guérison, qui reconnaît le rôle fondamental de la conscience et de l'énergie dans le processus de santé. La "Guérison Quantique", dans ce sens large, suggère que des changements significatifs dans la santé peuvent survenir lorsque nous accédons et influençons les niveaux les plus profonds de notre physiologie – des niveaux où l'esprit et la matière se rencontrent, où l'énergie et l'information organisent la biologie. Elle nous invite à aller au-delà du traitement des symptômes pour aborder les racines de la maladie, qui peuvent résider dans des déséquilibres énergétiques, un stress chronique, des traumatismes émotionnels, des croyances limitantes ou une déconnexion spirituelle.

La preuve scientifique la plus solide que l'esprit peut influencer directement la matière du corps est, comme nous l'avons déjà mentionné, l'*effet placebo*. C'est un phénomène si réel et puissant qu'il doit être contrôlé dans tous les essais cliniques rigoureux pour évaluer l'efficacité de nouveaux traitements. Lorsqu'un patient croit recevoir un traitement efficace (même s'il s'agit d'une substance inerte), cette croyance peut déclencher une cascade de réponses physiologiques réelles qui imitent les effets du traitement actif. Le cerveau libère des endorphines qui soulagent la douleur, le système immunitaire peut être activé ou modulé, la pression artérielle peut diminuer, les niveaux d'hormones de stress peuvent chuter. Dans certaines conditions, le taux de réponse au placebo peut atteindre 30%, 50% voire plus, démontrant que l'esprit, par la croyance et l'attente, agit comme une puissante pharmacie interne, capable de produire des guérisons physiques tangibles. L'effet placebo n'est pas de l'"imagination" ; c'est l'esprit qui guérit le corps.

Dans des cas plus rares et dramatiques, nous assistons au phénomène de la *rémission spontanée* – le rétablissement inattendu et inexplicable de maladies graves, comme un cancer avancé, sans intervention médicale suffisante pour justifier la guérison. Bien que la science médicale catalogue souvent ces événements comme des anomalies statistiques ou des diagnostics incorrects, les recherches étudiant les facteurs communs chez les personnes ayant expérimenté des rémissions spontanées (comme celles menées par l'Institute of Noetic Sciences - IONS) pointent fréquemment vers des changements radicaux survenus dans la vie et la conscience de l'individu. Ces changements peuvent inclure des modifications drastiques du régime alimentaire et du mode de vie, la libération d'émotions refoulées profondes (comme la colère ou le ressentiment, par le pardon), trouver un nouveau sens à la vie, cultiver des émotions positives comme l'amour et la joie, ou développer une foi spirituelle intense et inébranlable. Bien qu'ils ne prouvent pas une relation causale directe, ces cas suggèrent que des transformations profondes de l'esprit et de l'âme peuvent, dans certaines circonstances, activer des mécanismes d'auto-guérison extrêmement puissants dans le corps, conduisant à des rétablissements qui semblent "miraculeux" du point de vue purement biomédical.

Outre l'influence directe de l'esprit du patient lui-même, de nombreuses cultures et traditions ont développé des pratiques thérapeutiques visant à travailler avec l'"énergie subtile" du corps pour promouvoir la guérison. Ces modalités, souvent étiquetées comme "guérison énergétique" ou, dans le jargon populaire, "guérison quantique", opèrent sur la prémisse qu'il existe un champ d'énergie vitale (Chi, Prana, force vitale) qui anime le corps physique et que la maladie provient de blocages ou de déséquilibres dans ce champ. Des exemples incluent le *Reiki* (une pratique japonaise de canalisation d'énergie vitale universelle par imposition des mains), la *Guérison Pranique* (qui travaille sur le nettoyage et l'énergisation de l'aura et des chakras), le *Johrei*, les *passes spirites* (transmission de fluides spirituels), le *Toucher Thérapeutique*, l'*acupuncture* (qui vise à équilibrer le flux de Chi à travers les méridiens en utilisant de fines aiguilles) et l'*homéopathie* (qui utilise des substances extrêmement diluées, croyant qu'elles portent une "empreinte énergétique" de la substance originale capable de stimuler la force vitale du corps).

La science conventionnelle exprime généralement du scepticisme à l'égard de ces thérapies, principalement parce que les "champs d'énergie subtile" qu'elles prétendent manipuler ne sont pas facilement détectables ou mesurables par les instruments scientifiques actuels, et parce que de nombreuses études rigoureuses n'ont pas réussi à démontrer de manière cohérente leur efficacité au-delà de l'effet placebo. Cependant, certaines recherches suggèrent des bénéfices potentiels pour certaines conditions, comme la réduction de la douleur, de l'anxiété ou de la fatigue. Du point de vue de la "Guérison Quantique", nous pourrions spéculer que ces pratiques fonctionnent peut-être en réorganisant des motifs d'énergie ou d'information à un niveau fondamental. Peut-être que l'intention focalisée du thérapeute, ou l'énergie canalisée elle-même, interagit avec les processus quantiques se produisant dans les molécules et les cellules du corps du patient (comme la liaison des neurotransmetteurs aux récepteurs, l'activité enzymatique ou l'expression génique), restaurant la cohérence et l'harmonie. Peut-être fonctionnent-elles par résonance, où le champ énergétique cohérent du thérapeute ou du remède homéopathique aide à restaurer la cohérence dans le champ du patient. Ou peut-être impliquent-elles des effets non-locaux, en particulier dans les cas de guérison à distance. Encore une fois, ce sont des interprétations spéculatives cherchant un langage pour des phénomènes que nous ne comprenons pas encore totalement, mais qui pointent vers la possibilité que la guérison se produise par la manipulation d'énergie et d'information à des niveaux subtils.

Le point central qui émerge de toutes ces perspectives – placebo, rémissions spontanées, guérison énergétique et spéculations quantiques – est la confirmation de la profonde unité entre l'esprit, le corps, les émotions et l'énergie. La santé n'est pas seulement un état physique ; c'est un état d'équilibre et d'harmonie holistique. La maladie peut se manifester physiquement, mais ses racines peuvent se trouver à des niveaux plus subtils. La recherche en psychoneuroimmunologie, par exemple, démontre clairement comment le stress chronique, les émotions négatives et l'isolement social peuvent supprimer le système immunitaire et augmenter la susceptibilité aux maladies, tandis que les émotions positives, la connexion sociale et les pratiques de relaxation peuvent avoir des effets protecteurs.

La véritable guérison implique donc d'aborder l'être humain dans sa totalité. Cela nous conduit à une approche *intégrative* de la santé, où nous combinons le meilleur de la médecine conventionnelle avec des pratiques qui nourrissent l'esprit, les émotions et l'âme. La *méditation* et le *mindfulness* (pleine conscience) sont des exemples puissants, avec des bénéfices prouvés dans la réduction du stress, la diminution de l'inflammation, l'amélioration de la fonction immunologique et même la promotion de la neuroplasticité (la capacité du cerveau à se réorganiser). La *visualisation créative* peut être utilisée comme un outil complémentaire pour focaliser l'esprit sur la guérison, imaginer le corps se rétablir et renforcer l'intention d'aller bien. Le travail de *guérison émotionnelle*, comme la thérapie, la libération des traumatismes ou la pratique du pardon, peut lever les blocages énergétiques et psychologiques qui contribuent à la maladie physique. Cultiver des *intentions positives* pour la santé, pratiquer la gratitude et nourrir la foi et la connexion spirituelle peuvent également jouer des rôles importants. Et, bien sûr, un mode de vie sain – alimentation équilibrée, exercice physique, sommeil adéquat – fournit la base physique pour que ces processus subtils puissent opérer efficacement.

La perspective de la Guérison Quantique nous offre une vision pleine d'espoir et responsabilisante. Elle nous rappelle que nous ne sommes pas des victimes passives de notre biologie, mais des participants actifs à notre propre santé et bien-être. En unissant la connaissance scientifique à la sagesse intérieure et aux pratiques qui cultivent l'harmonie esprit-corps-âme, nous pouvons éveiller notre potentiel inné d'auto-guérison et cheminer vers une compréhension plus profonde, énergétique et consciente de ce que signifie être véritablement en bonne santé. Il s'agit de reconnaître et d'honorer l'Âme Quantique que nous sommes, une entité de conscience et d'énergie dotée de la capacité intrinsèque de rechercher l'équilibre et la totalité.

Chapitre 25
Expansion de la Conscience

Notre voyage à travers l'Âme Quantique nous a révélé un être potentiellement vaste, interconnecté avec le cosmos de manières qui transcendent l'espace, le temps et peut-être même les dimensions familières. Nous avons vu comment notre conscience peut influencer la réalité et comment elle peut persister au-delà du corps physique. Mais ce ne sont pas seulement des idées théoriques ou des potentiels lointains ; la possibilité d'expérimenter directement des niveaux plus larges de réalité, d'étendre notre conscience au-delà des limites du moi quotidien, est une promesse centrale tant des traditions spirituelles que de certains domaines de la psychologie et de la recherche contemporaine. Il existe des méthodes, des pratiques et des expériences qui peuvent nous ouvrir à des états où la perception s'approfondit, les frontières se dissolvent et nous obtenons des aperçus de la nature plus fondamentale de nous-mêmes et de l'univers.

Notre conscience ordinaire, la plupart du temps, fonctionne en mode focalisé sur la survie, la navigation dans le monde physique, la gestion de nos identités sociales et nos préoccupations égoïques. Nous sommes fréquemment immergés dans un flux de pensées linéaires, traitant des informations sensorielles, réagissant aux stimuli externes et internes. Bien qu'essentiel à la vie quotidienne, cet état de conscience peut être limité, filtrant une grande partie de la réalité plus large et subtile qui nous entoure et que nous sommes.

Les états élargis de conscience, en revanche, se caractérisent par un changement fondamental de cette perception habituelle. En eux, la sensation d'un moi séparé peut diminuer ou disparaître, laissant place à des sentiments d'unité avec les autres, avec la nature ou avec le cosmos entier. Le temps peut sembler s'arrêter ou devenir sans pertinence. Une profonde sensation de paix, d'amour ou de joie peut émerger, accompagnée d'intuitions ou de compréhensions directes sur la nature de la réalité qui transcendent la logique commune.

Au fil de l'histoire, diverses cultures ont développé des pratiques contemplatives destinées à induire ou faciliter ces états élargis. La *méditation*, sous ses nombreuses formes (comme la méditation mindfulness, qui cultive l'attention pleine au présent ; la méditation de concentration, qui focalise l'esprit sur un unique objet ; ou la méditation transcendantale, qui utilise des mantras), vise à calmer le bavardage incessant de l'esprit, à désidentifier la conscience du flux de pensées et d'émotions, et à ouvrir un espace intérieur pour la perception directe de niveaux plus profonds de l'être. Des états de profonde absorption méditative, connus sous le nom de *samadhi* (dans le Yoga) ou *satori* (dans le bouddhisme Zen), sont décrits comme des expériences d'illumination ou d'union avec la réalité ultime.

Le *Yoga*, bien au-delà des postures physiques (asanas), est un système holistique qui intègre la respiration consciente (*pranayama*), la concentration (*dharana*), la méditation (*dhyana*) et des principes éthiques, le tout dans le but de purifier le corps et l'esprit, d'équilibrer les énergies subtiles et de préparer le chemin vers l'expansion de la conscience. Des techniques de *respiration* spécifiques, comme la Respiration Holotropique développée par le psychiatre Stanislav Grof, ou d'autres formes de respiration connectée et accélérée, sont également utilisées pour induire des états modifiés de conscience, permettant l'accès à des mémoires profondes, des émotions refoulées et, parfois, des expériences transpersonnelles ou mystiques. Au sein des traditions religieuses, la *prière contemplative* et les pratiques mystiques recherchent une union directe et expérientielle avec le Divin, fréquemment par le silence, l'abandon et l'ouverture à la présence sacrée.

Bien que la nature subjective de ces expériences les rende difficiles à étudier objectivement, la neuroscience moderne a commencé à cartographier certains des corrélats cérébraux associés à ces états et pratiques. Des études menées sur des méditants expérimentés, utilisant l'électroencéphalographie (EEG), ont montré des motifs d'ondes cérébrales distincts pendant la méditation profonde, comme une augmentation des ondes alpha et thêta (associées à la relaxation, à la concentration intérieure et aux états hypnagogiques) et, dans certains cas de méditation de compassion ou d'extase, la présence d'ondes gamma de haute amplitude et synchronisées sur de vastes zones du cerveau. Cette haute synchronie gamma est interprétée par certains chercheurs comme un possible corrélat neuronal d'états de conscience unifiée, de haute clarté mentale et d'intégration de l'information. De plus, la recherche sur la *neuroplasticité* démontre que la pratique régulière de la méditation peut entraîner des changements structurels et fonctionnels durables dans le cerveau, renforçant les zones liées à l'attention, à la régulation émotionnelle, à l'empathie et à la conscience de soi. La science commence à valider les bénéfices et la profondeur des transformations induites par ces pratiques ancestrales.

Les expériences culminantes de ces pratiques, souvent appelées *expériences mystiques* ou de pointe, partagent des caractéristiques remarquablement similaires, indépendamment du contexte culturel ou religieux dans lequel elles se produisent. Le philosophe et psychologue William James, dans son étude classique "Les Formes multiples de l'expérience religieuse", a identifié quatre marques principales : *ineffabilité* (l'expérience défie la description par les mots), *qualité noétique* (elle apporte une sensation d'intuition profonde, de connaissance directe et vraie), *transitoire* (ce sont généralement des états de courte durée) et *passivité* (la sensation d'être saisi ou guidé par une force supérieure). De plus, ces expériences impliquent fréquemment une sensation écrasante d'*unité* ou de fusion avec le tout, la *transcendance* des catégories normales d'espace et de temps, une profonde sensation de *sacralité* ou de numinosité, et des émotions intensément positives comme la paix, la joie, l'amour inconditionnel et la révérence.

Il est intéressant de noter que, dans certaines cultures, des substances psychoactives dérivées de plantes (parfois appelées "plantes de pouvoir" ou *enthéogènes*, signifiant "générer le divin intérieur") ont été et sont utilisées dans des contextes rituels et sacrés comme outils pour induire des états élargis de conscience. L'ayahuasca en Amazonie, le peyotl chez certaines tribus amérindiennes, ou les champignons à psilocybine dans certaines traditions mésoaméricaines, ont été historiquement utilisés par les chamans et les guérisseurs non à des fins récréatives, mais pour faciliter la guérison, la divination, la connexion avec le monde spirituel et l'obtention de connaissances. Dans ces états induits, les praticiens rapportent fréquemment des voyages vers d'autres réalités, des rencontres avec des entités archétypales ou spirituelles et de profondes intuitions sur eux-mêmes et le cosmos, expériences qui font écho aux descriptions d'expériences mystiques spontanées et à celles atteintes par des pratiques contemplatives. La récente redécouverte du potentiel thérapeutique de ces substances par la science occidentale (par exemple, recherches avec la psilocybine pour la dépression, l'anxiété chez les patients en phase terminale et la dépendance chimique) a également mis en évidence leur capacité à induire des expériences de type mystique qui semblent corréler avec des bénéfices psychologiques durables. Cela suggère que différents chemins – contemplatifs ou chimiques (utilisés avec respect et intention appropriée) – peuvent parfois conduire à des états similaires d'expansion de la conscience.

Comment pouvons-nous comprendre ces états du point de vue de l'Âme Quantique ? Peut-être pouvons-nous utiliser la métaphore de la conscience comme une radio ou un syntoniseur. Dans notre état normal, nous sommes accordés sur la fréquence de la réalité physique quotidienne. Les pratiques d'expansion de la conscience pourraient être vues comme des méthodes pour ajuster le "bouton" de cette radio, nous permettant de nous accorder sur d'autres fréquences, d'autres canaux d'information et d'expérience qui sont normalement hors de notre portée. Peut-être que dans ces états, notre conscience parvient à interagir plus directement avec le Champ Unifié, avec l'Inconscient Collectif ou avec le Champ Akashique, accédant à des informations et des niveaux de réalité normalement voilés. Peut-être que le cerveau, dans ces moments, atteint un état de plus grande cohérence (possiblement même une cohérence quantique macroscopique, comme le spéculent certains), permettant des modes de perception et de traitement radicalement différents.

Il est important de se rappeler que l'expansion de la conscience ne doit pas nécessairement être un événement dramatique ou rare réservé aux mystiques ou aux utilisateurs d'enthéogènes. Nous pouvons cultiver une plus grande amplitude de conscience dans notre vie quotidienne par des pratiques simples. Le *mindfulness*, la pratique de prêter attention intentionnellement au moment présent sans jugement, nous aide à sortir du pilote automatique mental et à percevoir plus directement la richesse de l'expérience sensorielle, la nature impermanente des pensées et l'interconnexion subtile entre nous et l'environnement. Cultiver des moments d'*admiration et d'émerveillement* devant la beauté de la nature, de l'art ou d'un acte de bonté peut nous sortir momentanément de nos préoccupations égoïques et nous connecter à quelque chose de plus grand. Pratiquer activement la *compassion* et l'*amour universel*, en étendant de bons souhaits à tous les êtres, élargit notre cercle d'identification au-delà de nous-mêmes. S'engager dans des activités créatives ou autres qui nous mènent à des *états de flux* (flow), où nous nous sentons totalement immergés et perdons la notion du temps et du moi séparé, peut également être une forme d'expansion.

    En fin de compte, la quête de l'expansion de la conscience ne vise pas seulement à vivre des expériences extraordinaires, mais à promouvoir une croissance personnelle profonde et durable. Les personnes qui intègrent ces expériences rapportent fréquemment une augmentation de l'empathie et de la compassion, une diminution de la peur de la mort, une plus grande clarté sur leur but de vie, une créativité accrue et une capacité plus grande pour l'amour et le service. Ce sont les fruits de l'évolution intérieure, reconnus tant par la psychologie transpersonnelle (qui étudie les potentiels les plus élevés de la nature humaine) que par les traditions spirituelles visant l'illumination ou l'auto-réalisation. Élargir notre conscience est peut-être la tâche la plus fondamentale de notre voyage pour comprendre et incarner pleinement notre nature d'Âmes Quantiques, êtres de lumière et de potentiel illimité participant à la danse cosmique de la création.

Chapitre 26
Synchronicité

Notre exploration des connexions cachées dans la nature, telles que la non-localité et l'intrication, nous a montré que l'univers peut être interconnecté de manières qui défient notre compréhension linéaire de cause à effet. Tournons-nous maintenant vers un type différent de connexion mystérieuse, une connexion qui semble opérer non pas par des influences physiques directes, mais par le *sens* et le *motif* : la synchronicité. Inventé par le psychologue suisse Carl Gustav Jung, le terme décrit ces "coïncidences significatives" qui nous surprennent et nous enchantent, des événements qui semblent connectés de manière si pertinente qu'ils défient l'explication par le simple hasard, suggérant un ordre caché ou une intelligence sous-jacente opérant dans nos vies.

Nous avons tous vécu des moments comme ceux-là, qui nous laissent avec un sentiment d'étonnement ou l'impression que quelque chose de plus profond se passe. Vous pensez intensément à un ami à qui vous n'avez pas parlé depuis des années et, quelques instants plus tard, le téléphone sonne et c'est lui. Vous luttez avec une question spécifique et, en ouvrant un livre au hasard ou en entendant une conversation d'autrui, vous trouvez la réponse exacte dont vous aviez besoin. Vous faites un rêve vif avec un symbole rare et obscur et, le lendemain, vous retrouvez ce même symbole à plusieurs reprises dans des endroits inattendus. Ou peut-être une série d'événements apparemment sans lien – une rencontre fortuite, une information inattendue, une opportunité qui surgit de nulle part – converge de manière quasi miraculeuse pour résoudre un problème complexe ou ouvrir un nouveau chemin dans votre vie. Ces événements, lorsqu'ils sont chargés d'un fort sentiment de signification personnelle et d'un timing parfait, sont des exemples classiques de synchronicité. Ils se distinguent des simples coïncidences statistiques (comme deux personnes dans la même pièce ayant le même anniversaire) par leur qualité numineuse, par la sensation qu'il y a un message ou un but derrière la coïncidence.

Ce fut Carl Jung qui, le premier, étudia systématiquement ce phénomène et lui donna un nom. Il définit la synchronicité comme un *principe de connexion acausale*. Contrairement à la causalité, qui décrit le lien familier entre cause et effet à travers le temps, la synchronicité décrirait le lien entre des événements (généralement un événement psychique intérieur, comme une pensée ou un rêve, et un événement physique extérieur) qui se produisent de manière approximativement simultanée (ou en succession temporelle étroite) et dont la connexion réside dans leur *sens* partagé ou dans leur motif symbolique, non dans une influence directe de l'un sur l'autre. Pour Jung, ces coïncidences significatives n'étaient pas de simples hasards, mais plutôt des manifestations d'un ordre sous-jacent dans la nature, une harmonie préétablie ou une dynamique qui relie la psyché individuelle au monde matériel par le sens. Il croyait que la synchronicité était particulièrement susceptible de se produire dans les moments de grande charge émotionnelle, de transformation personnelle ou lorsque des archétypes puissants de l'inconscient collectif étaient activés dans la psyché de l'individu.

Jung spécula que l'*Inconscient Collectif*, avec ses archétypes universels, pourrait jouer un rôle médiateur dans l'occurrence des synchronicités. Lorsqu'un individu est profondément engagé avec un archétype (que ce soit par des rêves, un travail thérapeutique ou des défis de vie), cette énergie archétypale pourrait, d'une certaine manière, "organiser" ou "attirer" des événements dans le monde extérieur qui reflètent symboliquement le processus intérieur. Ce serait comme si la psyché et la matière étaient deux aspects d'une même réalité sous-jacente, capables d'entrer en résonance et de se refléter mutuellement à travers le sens partagé.

Il est fascinant de noter que Jung développa ses idées sur la synchronicité en collaboration et en dialogue avec le physicien Wolfgang Pauli, l'un des pionniers de la mécanique quantique et lauréat du prix Nobel. Pauli, initialement sceptique, devint profondément intéressé par le concept, reconnaissant des parallèles entre la nature acausale de la synchronicité et certains aspects de la physique quantique, comme les corrélations non-locales dans l'intrication (où l'état de particules distantes est lié sans cause locale voyageant entre elles). Bien qu'ils ne soient pas parvenus à une théorie complète, Jung et Pauli spéculèrent ensemble que la synchronicité pourrait représenter un principe fondamental de la nature, complémentaire à la causalité, émergeant peut-être de l'interaction entre les lois de la physique et la dynamique de la psyché. Pauli alla jusqu'à suggérer que la science future devrait incorporer à la fois la physique et la psychologie profonde pour comprendre pleinement la réalité.

Bien que la physique quantique ne fournisse pas une explication directe de la synchronicité au sens jungien (qui implique le sens et la conscience), nous pouvons tracer quelques analogies conceptuelles. Tout comme l'intrication révèle des corrélations acausales entre des systèmes physiques distants, la synchronicité suggère des corrélations acausales entre des états mentaux et des événements physiques, basées sur le sens. La conscience individuelle, en se concentrant sur certains thèmes ou archétypes, pourrait-elle influencer subtilement le champ des probabilités quantiques de l'environnement, rendant plus probable la manifestation d'événements qui résonnent significativement avec l'état intérieur ? C'est une spéculation qui nous ramène à l'idée d'un univers participatif, où la conscience n'est pas séparée du monde, mais interagit avec lui de manières qui dépassent la causalité classique.

Dans la sphère spirituelle et le développement personnel, les synchronicités sont souvent interprétées de manière très directe et pratique : comme des *messages* ou des *signes* de l'Univers, de Dieu, de guides spirituels ou de notre propre Soi Supérieur. Elles peuvent être vues comme des confirmations que nous sommes sur le bon chemin, comme des réponses à des questions que nous avons posées, comme des alertes pour prêter attention à quelque chose d'important, ou comme des "coups de pouce" divins nous guidant dans une direction spécifique. Expérimenter un flux croissant de synchronicités est souvent considéré comme un signe que nous vivons en plus grand alignement avec notre but d'âme et avec l'intelligence supérieure du cosmos. Cette perspective invite à une lecture symbolique des événements de la vie, à chercher le sens caché derrière les coïncidences et à faire confiance à la guidance subtile que l'univers semble nous offrir.

Il est important, bien sûr, d'aborder l'interprétation des synchronicités avec équilibre et discernement. La tendance humaine à trouver des motifs et du sens peut parfois nous amener à voir des connexions là où il n'y en a pas ou à surinterpréter des coïncidences triviales. Il faut éviter la superstition et maintenir l'esprit critique. Cependant, nier la possibilité de coïncidences véritablement significatives serait fermer les yeux sur un aspect mystérieux et potentiellement important de l'expérience humaine. L'invitation est de cultiver la *pleine conscience* des événements de notre vie, de remarquer les coïncidences qui nous touchent profondément, de réfléchir à leur signification *personnelle* possible (car le sens est souvent subjectif) et d'utiliser ces occurrences comme des opportunités d'introspection et de croissance, sans nécessairement construire de théories grandioses à leur sujet. Tenir un journal des synchronicités peut être un outil utile pour observer des motifs et approfondir la compréhension.

En fin de compte, le phénomène de la synchronicité renforce la vision d'un univers où esprit et matière, intérieur et extérieur, ne sont pas rigidement séparés, mais plutôt dans un dialogue constant et mystérieux. Il suggère que la réalité pourrait avoir une dimension de sens et de motif opérant parallèlement aux lois de la causalité physique. L'occurrence de coïncidences significatives pointe vers une connexion plus profonde, peut-être médiatisée par des champs d'information ou par la conscience collective elle-même, où nos états internes peuvent se refléter ou se manifester dans des événements externes de manières subtiles mais puissantes. La synchronicité nous rappelle que nous vivons dans un cosmos potentiellement intelligent et réactif, un univers qui non seulement existe, mais qui peut-être aussi nous parle à travers le langage des symboles et du sens, renforçant la profonde unité entre l'Âme Quantique et la tapisserie de l'existence.

Chapitre 27
Sagesse Ancienne

Alors que nous naviguons dans les eaux profondes et parfois turbulentes de la physique quantique et de ses implications pour la conscience et la réalité, l'impression peut surgir que nous traitons d'idées entièrement nouvelles, de concepts révolutionnaires rompant radicalement avec toute l'histoire de la pensée humaine. Cependant, en tournant notre regard vers les grandes traditions de sagesse spirituelle et philosophique qui ont fleuri dans différentes cultures et époques, nous découvrons quelque chose de remarquable : nombre des intuitions qui nous semblent aujourd'hui émerger de l'avant-garde de la science trouvent des parallèles surprenants, parfois quasi littéraux, dans les enseignements de sages, mystiques et philosophes ayant vécu des siècles, voire des millénaires auparavant. Il semble que l'intuition humaine, par l'introspection profonde, l'observation subtile de la nature et l'expérience mystique directe, ait été capable d'entrevoir des vérités fondamentales sur le cosmos que la science moderne commence seulement à redécouvrir et à valider avec son propre langage et sa méthodologie. Cette convergence entre le savoir ancien et moderne non seulement valide les deux approches, mais nous offre également une compréhension plus riche et intégrée de la réalité et de notre place en elle.

Au cœur des traditions philosophiques et religieuses de l'Inde, en particulier dans le *Vedanta* (l'apogée des Védas), nous trouvons des concepts qui résonnent puissamment avec la vision quantique et holistique. La notion de *Brahman* décrit la Réalité Ultime, la Conscience Cosmique une, immanente et transcendante, indifférenciée, immuable, qui est la source et la substance de toute existence. Tout ce que nous voyons et expérimentons ne serait qu'une manifestation ou apparence (Maya) de cette réalité unique. Parallèlement, *Atman* représente l'âme individuelle, le Soi le plus profond de chaque être, qui, en son essence, est identique à Brahman. La célèbre maxime védique *"Tat Tvam Asi"* ("Tu Es Cela") exprime cette unité fondamentale entre l'individu et l'absolu. Comment ne pas voir ici un parallèle avec la quête scientifique d'un Champ Unifié, l'idée d'une Conscience universelle sous-jacente (comme dans l'idéalisme quantique ou le panpsychisme) et la perception quantique de la matière comme une manifestation énergétique et peut-être illusoire dans sa solidité apparente (faisant écho à *Maya*) ?

Le *bouddhisme*, qui a émergé du contexte hindou, approfondit l'analyse de la nature de la réalité avec les concepts de *Shunyata* (Vacuité) et de *Pratītyasamutpāda* (Origine Interdépendante). Shunyata ne signifie pas nihilisme ou que rien n'existe, mais plutôt que tous les phénomènes, y compris nous-mêmes, sont "vides" d'existence inhérente, indépendante et permanente. Rien ne possède d'essence isolée ; tout surgit et existe en dépendance de causes et de conditions, dans un vaste réseau d'interconnexion. L'Origine Interdépendante décrit précisément cette toile de relations mutuelles, où chaque chose affecte et est affectée par toutes les autres. Cette vision d'une réalité fluide, interconnectée et dépourvue d'entités autonomes trouve une résonance impressionnante avec l'image quantique de l'univers, où les particules sont intriquées non-localement, où la réalité émerge de relations et d'interactions, et où l'impermanence (Anicca, un autre concept bouddhiste central) est reflétée dans le flux constant d'énergie et d'information dans les champs quantiques.

Dans le *taoïsme* de la Chine ancienne, nous trouvons le concept du *Tao*, le "Chemin", la source primordiale et le principe ordonnateur ineffable qui imprègne toute la nature, opérant spontanément et sans effort (*Wu Wei*). Le Tao se manifeste à travers l'interaction dynamique des deux forces polaires et complémentaires, *Yin* (féminin, passif, sombre, réceptif) et *Yang* (masculin, actif, clair, pénétrant). L'équilibre harmonieux entre Yin et Yang est vu comme la clé de la santé et de l'harmonie chez l'individu et dans le cosmos. Encore une fois, nous pouvons tracer des parallèles : le Tao comme analogue à un Champ Unifié ou à l'ordre implicite de Bohm ; et la complémentarité dynamique de Yin et Yang comme un écho du Principe de Complémentarité de Bohr (onde/particule) et d'autres dualités fondamentales (énergie/matière, positif/négatif) qui se résolvent en une unité plus grande en physique.

Revenant à l'Occident, les traditions ésotériques et philosophiques offrent également des aperçus de cette sagesse convergente. L'*hermétisme*, une tradition remontant à l'Égypte ancienne et à la Grèce hellénistique, encapsulée dans des textes comme le *Kybalion*, énonce des principes qui semblent préfigurer des découvertes modernes. Le Principe du Mentalisme ("LE TOUT est ESPRIT ; L'Univers est Mental") s'aligne avec les visions idéalistes ou participatives de la réalité, où la conscience est primaire. Le Principe de Correspondance ("Ce qui est en Haut est comme ce qui est en Bas ; ce qui est en Bas est comme ce qui est en Haut") fait écho à l'idée d'un univers holographique ou fractal, avec des motifs se répétant à différentes échelles (microcosme/macrocosme). Le Principe de Vibration ("Rien ne repose ; tout remue ; tout vibre") anticipe la vision moderne de la matière comme énergie en constante vibration.

Dans la philosophie grecque classique, Platon parlait d'un royaume transcendantal des *Formes* ou Idées parfaites, dont le monde physique ne serait qu'une ombre imparfaite – une idée qui peut être spéculativement liée aux concepts modernes de champs d'information ou d'archétypes qui façonnent la réalité manifestée. Héraclite, avec sa célèbre maxime *"Panta rhei"* ("Tout s'écoule"), a capturé la nature dynamique et impermanente de la réalité que la physique moderne viendrait confirmer.

Les *traditions indigènes* et *chamaniques* à travers le monde, bien que diverses, partagent fréquemment une vision du monde animiste, où l'esprit ou la force vitale imprègne toute la nature – rivières, montagnes, plantes, animaux. Elles soulignent la profonde interconnexion de toute vie et l'existence de réalités ou dimensions non ordinaires accessibles par des états modifiés de conscience, des connaissances qui résonnent avec l'holisme, le panpsychisme potentiel et la multidimensionnalité dont nous avons discuté.

Même dans des traditions plus récentes, comme le *Spiritisme* codifié par Allan Kardec au XIXe siècle, nous trouvons des concepts qui dialoguent avec la vision émergente. La notion centrale du *périsprit* – un corps semi-matériel et fluidique servant de lien entre l'âme immortelle et le corps physique, persistant après la mort et évoluant à travers de multiples incarnations – peut être vue comme une description intuitive d'un champ bioénergétique ou d'un corps subtil, peut-être lié aux champs quantiques associés à la conscience ou à l'information quantique dont certains théorisent qu'elle pourrait survivre à la mort cérébrale. L'accent spirite mis sur l'évolution morale et intellectuelle de l'esprit à travers des expériences successives s'aligne également avec le thème plus large du développement et de l'expansion de la conscience qui imprègne notre investigation.

Ce qui émerge de ce bref panorama est une vision impressionnante de la convergence entre le savoir ancien et moderne. Sages et mystiques de différentes cultures, utilisant l'introspection, la contemplation et l'expérience directe comme leurs outils d'investigation, semblent avoir accédé à des intuitions profondes sur la nature fondamentale de la réalité – son unité sous-jacente, sa nature énergétique et vibratoire, son impermanence, la relativité de la perception, le pouvoir créatif de l'esprit et l'existence de dimensions ou niveaux d'être au-delà du physique. Ces vérités, exprimées à travers des langages symboliques, mythiques et philosophiques, sont, d'une certaine manière, redécouvertes et corroborées par la science moderne, qui parvient à des conclusions similaires par sa propre méthodologie rigoureuse d'observation externe, d'expérimentation et de modélisation mathématique.

Cela ne signifie pas que la science "prouve" simplement la spiritualité, ou que les visions anciennes étaient identiques aux théories scientifiques actuelles dans tous les détails. Cela signifie, oui, que nous pouvons reconnaître la science et la spiritualité comme des chemins potentiellement convergents dans la quête humaine de vérité et de compréhension. La "nouveauté" des découvertes quantiques réside souvent dans la confirmation, dans un nouveau langage, de l'"antiquité" de la sagesse spirituelle.

Cette perception nous invite à cultiver un profond respect pour le savoir ancestral et à reconnaître que l'intuition et l'expérience intérieure peuvent être des sources valides de connaissance sur la réalité, complémentaires à l'investigation scientifique. L'intégration de ces deux grandes formes de savoir nous offre une base beaucoup plus riche et complète pour comprendre l'univers et notre place en son sein, reconnaissant l'Âme Quantique comme une entité dont la nature résonne à travers les âges et les cultures, de l'atome à l'absolu.

Chapitre 28
Convergence Actuelle

Après des siècles d'une séparation souvent considérée comme infranchissable, où la science se concentrait sur le monde matériel objectif et la spiritualité sur le royaume intérieur de la foi et de l'expérience subjective, nous assistons aujourd'hui, en ce 8 avril 2025, à un mouvement fascinant et croissant vers le dialogue, l'intégration et la convergence. Les idées révolutionnaires de la physique quantique, les mystères persistants de la conscience, les découvertes de la neuroscience sur la plasticité cérébrale et les effets de la méditation, ainsi qu'une redécouverte et une revalorisation de la sagesse ancestrale, créent un terrain fertile pour que les anciennes murailles entre science et esprit commencent à s'effriter. Nous vivons un moment historique de synthèse potentielle, où une vision du monde plus holistique et intégrée semble émerger.

Ce rapprochement n'est pas seulement théorique ; il se manifeste dans des initiatives concrètes et dans le travail d'individus et d'institutions dédiées à construire des ponts. Un exemple notable est le *Mind and Life Institute*, co-fondé par le neuroscientifique Francisco Varela, l'entrepreneur Adam Engle et Sa Sainteté le Dalaï Lama. Depuis 1987, l'institut promeut des dialogues rigoureux et collaboratifs entre le Dalaï Lama et des scientifiques de renommée mondiale – physiciens, neuroscientifiques, psychologues, biologistes – explorant des thèmes cruciaux tels que la nature de la conscience, la perception, les émotions destructrices, la compassion et l'éthique. Ces conversations pionnières ont non seulement généré un respect mutuel entre les traditions contemplatives bouddhistes et la science moderne, mais ont également inspiré de nouvelles lignes de recherche scientifique sur les effets de la méditation et le potentiel de l'esprit humain.

Une autre organisation fondamentale dans ce paysage est l'*Institute of Noetic Sciences (IONS)*, fondé en 1973 par l'astronaute d'Apollo 14, le Dr Edgar Mitchell. Après son expérience transformatrice dans l'espace, où il eut une perception directe de l'unité et de l'interconnexion du cosmos (l'"Overview Effect"), Mitchell consacra sa vie à promouvoir l'investigation scientifique rigoureuse des "sciences noétiques" – l'étude du potentiel et des pouvoirs de la conscience. L'IONS a parrainé et mené des recherches sur des phénomènes tels que la méditation, la guérison à distance, la perception extrasensorielle, les expériences de mort imminente et la nature même de la conscience, cherchant à appliquer des méthodes scientifiques pour explorer les aspects de la réalité qui transcendent le paradigme matérialiste.

Outre ces institutions, nous voyons un nombre croissant de scientifiques respectés dans leurs domaines qui, sans abandonner la rigueur scientifique, font preuve d'ouverture pour explorer des thèmes traditionnellement considérés comme spirituels ou métaphysiques. Le physicien Fritjof Capra, dès 1975 avec son best-seller "Le Tao de la Physique", a tracé des parallèles éloquents entre les concepts de la physique moderne (quantique et relativité) et les enseignements du mysticisme oriental. Le physicien Amit Goswami est devenu un défenseur éminent de l'idéalisme quantique, arguant que la conscience est le fondement de la réalité. Des biologistes comme Rupert Sheldrake, bien que controversés, défient les dogmes matérialistes avec leurs théories sur les champs morphiques. Des neuroscientifiques comme Richard Davidson, de l'Université du Wisconsin-Madison, mènent des recherches de pointe sur les bases neurales de la méditation et des émotions positives, collaborant fréquemment avec des contemplatifs expérimentés. Des chercheurs médicaux comme Pim van Lommel et Bruce Greyson publient des études sur les expériences de mort imminente dans des revues médicales à comité de lecture, amenant le sujet au débat scientifique sérieux. Des psychologues comme Stanislav Grof ont contribué à fonder la psychologie transpersonnelle, une branche qui étudie explicitement les dimensions spirituelles et transcendantes de l'expérience humaine. Ces voix, venant de l'intérieur même de la communauté scientifique, sont cruciales pour légitimer et élargir le dialogue.

Parallèlement à ces développements académiques et de recherche, nous observons l'intégration remarquable de pratiques autrefois considérées comme ésotériques ou exclusivement spirituelles dans la culture dominante. La *méditation mindfulness* (pleine conscience), dérivée de pratiques bouddhistes mais souvent présentée de manière séculière, a explosé en popularité ces dernières décennies. Elle est maintenant enseignée dans les hôpitaux, les écoles, les entreprises et les centres de psychothérapie, avec une vaste littérature scientifique documentant ses bénéfices pour la réduction du stress, de l'anxiété, de la dépression, l'amélioration de l'attention, la régulation émotionnelle et le bien-être général. La neuroscience a validé ce que les contemplatifs savaient depuis des siècles : entraîner l'esprit par la méditation peut réellement changer le cerveau et améliorer la qualité de vie.

De même, la *médecine intégrative* gagne de plus en plus de terrain, cherchant à combiner les traitements efficaces de la médecine conventionnelle avec des approches complémentaires qui traitent la personne dans sa globalité – esprit, corps et âme. Des thérapies comme l'acupuncture, le yoga, le tai-chi, le reiki, le massage thérapeutique et les conseils nutritionnels et de style de vie sont de plus en plus proposées dans les hôpitaux et les cliniques dans le cadre de soins plus holistiques.

Cette tendance reflète une insatisfaction croissante face aux limitations d'une vision du monde strictement matérialiste, qui réduit la réalité à la seule matière et énergie physiques et considère la conscience comme un simple sous-produit du cerveau. Au sein même de la science, des voix s'élèvent pour demander une expansion du paradigme. En 2014, un groupe de scientifiques a publié le "Manifeste pour une Science Post-Matérialiste", arguant que le dogme matérialiste impose des restrictions inutiles à l'investigation scientifique et qu'il est temps que la science prenne au sérieux l'étude de l'esprit et de la conscience comme aspects fondamentaux de la réalité, explorant des phénomènes tels que le psi et la survie de la conscience avec des méthodes rigoureuses, mais sans préjugés philosophiques.

Il est vrai que cette convergence se reflète aussi, parfois de manière confuse ou superficielle, dans la culture populaire. Des termes comme "quantique" sont fréquemment utilisés de manière vague dans des contextes de développement personnel ou de spiritualité ("guérison quantique", "saut quantique", "pensée quantique"), souvent sans une réelle compréhension de la physique sous-jacente. Cependant, même cette popularisation quelque peu imprécise indique une fascination collective authentique pour la possibilité d'unir la science moderne et la spiritualité, un désir profond d'une vision du monde qui intègre la connaissance objective à l'expérience subjective et au sens du but.

Au-delà du buzz populaire, des initiatives sérieuses continuent d'avancer aux frontières. Des expériences de plus en plus sophistiquées étudient l'interaction esprit-matière. Des études longitudinales suivent les effets des pratiques contemplatives sur le cerveau et la santé au fil du temps. Des modèles théoriques complexes tentent de décrire la nature de la conscience et sa relation avec la physique. Des universités du monde entier commencent à proposer des cours et même des programmes de troisième cycle axés sur l'intersection entre science, conscience, spiritualité et bien-être.

Nous vivons donc une époque de remarquable *synthèse*. Les anciennes divisions cartésiennes entre esprit et matière, sujet et objet, science et esprit, deviennent de plus en plus poreuses et remises en question. Nous percevons qu'une compréhension complète de la réalité exigera probablement l'intégration de multiples formes de savoir : l'investigation rigoureuse du monde extérieur par la méthode scientifique et l'exploration disciplinée du monde intérieur par l'introspection, la contemplation et l'expérience directe. Il ne s'agit pas de choisir entre raison et intuition, mais d'honorer et d'intégrer les deux.

Cette convergence actuelle est plus qu'une simple tendance intellectuelle ; elle signale la naissance potentielle d'un nouveau paradigme pour le XXIe siècle – un paradigme plus holistique, intégré et conscient. Vivre à ce moment historique nous offre l'opportunité unique de participer activement à cette synthèse, de construire des ponts entre la sagesse ancestrale et la connaissance moderne, non seulement pour élargir notre compréhension de l'univers et de nous-mêmes, mais aussi pour inspirer des solutions plus créatives et compatissantes aux défis auxquels nous sommes confrontés en tant qu'humanité. La convergence entre science et spiritualité ne vise pas seulement à réconcilier des idées ; elle vise à catalyser la prochaine étape de l'évolution consciente sur notre planète.

Chapitre 29
Applications Pratiques

Au cours de ce livre, nous avons voyagé aux frontières de la physique moderne et de la sagesse ancestrale, explorant une vision de la réalité où énergie et conscience sont fondamentales, où l'univers est interconnecté, participatif et potentiellement multidimensionnel. Nous avons compris, conceptuellement, que nous pourrions être plus que de simples corps physiques isolés ; nous sommes des "Âmes Quantiques", des êtres d'énergie et de conscience dotés d'un potentiel bien plus grand que nous ne l'imaginions. Mais comment cette compréhension profonde se traduit-elle dans notre vie quotidienne ? De quelle manière pouvons-nous appliquer ces intuitions pour vivre de manière plus pleine, consciente et épanouie ? Ce chapitre vise justement à construire ce pont, transformant les concepts abstraits en outils pratiques et exemples concrets pour le quotidien. La connaissance de notre nature quantique n'est pas seulement destinée à la contemplation intellectuelle ; c'est un appel à une nouvelle manière d'être et d'agir dans le monde.

L'une des applications les plus directes et puissantes réside dans l'utilisation consciente de notre intention. Si nous vivons dans un univers participatif où notre observation et notre concentration peuvent influencer les probabilités, nous pouvons commencer chaque journée par une pratique intentionnelle. Réservez quelques instants le matin, avant de plonger dans l'agitation de la journée, pour visualiser ou définir une intention claire pour les heures à venir. Comment souhaitez-vous que votre journée se déroule ? Quelles qualités voulez-vous incarner (paix, efficacité, joie, compassion) ? Quels résultats positifs aimeriez-vous voir ? Utilisez la *visualisation créative* : imaginez vivement votre journée se déroulant harmonieusement, voyez-vous gérer les défis avec calme et sagesse, ressentez la satisfaction de vos interactions et réalisations. En faisant cela, vous ne vous préparez pas seulement psychologiquement, mais vous "projetez" potentiellement une fréquence énergétique, "effondrant" des probabilités favorables dans le champ quantique de votre journée. C'est un acte de co-création consciente de votre avenir immédiat.

Un autre domaine crucial est la gestion de notre état intérieur, notre "vibration" énergétique. Si nos pensées et émotions émettent des fréquences qui attirent des expériences correspondantes (comme le suggèrent la Loi de l'Attraction et l'idée de résonance), il devient fondamental de cultiver la conscience de soi. La pratique du *mindfulness*, ou pleine conscience, est ici un outil essentiel. Tout au long de la journée, cherchez à observer vos pensées et émotions sans jugement. Percevez les schémas habituels : avez-vous tendance à ruminer sur des soucis ? À vous critiquer ou à critiquer les autres ? À vous concentrer sur le manque ? Ces schémas génèrent de basses fréquences énergétiques qui peuvent perpétuer des cycles négatifs. La conscience est le premier pas vers le changement. Une fois conscient, vous pouvez choisir consciemment de changer de focus. Cultivez activement des pensées et des sentiments de *gratitude* pour ce que vous avez déjà, de *compassion* pour vous-même et pour les autres, d'*optimisme* quant à l'avenir et de *joie* dans les petits moments. Cela ne signifie pas ignorer les difficultés, mais choisir de ne pas se laisser dominer par des vibrations négatives. En élevant votre fréquence intérieure prédominante, vous vous alignez énergétiquement avec des expériences plus positives et harmonieuses.

Dans les relations interpersonnelles, la compréhension de l'unité et de l'intrication quantique peut cultiver ce que nous pourrions appeler une *empathie quantique*. Lorsque des conflits, des désaccords ou des blessures surviennent, rappelez-vous : à un niveau fondamental, nous ne sommes pas séparés. La personne en face de vous, même si ses actions ou ses paroles vous dérangent, fait partie de la même toile cosmique que vous. Blesser l'autre, énergétiquement ou émotionnellement, c'est, en fin de compte, se blesser soi-même. Cette perception peut adoucir le jugement, faciliter la communication depuis un lieu de compréhension et rendre le pardon (envers soi-même et l'autre) un processus plus naturel. Essayez de voir au-delà du comportement superficiel et de vous connecter à l'essence, à l'"Âme Quantique" partagée, qui existe sous les masques de l'ego. Cela peut transformer radicalement la dynamique de vos relations.

Dans l'environnement de travail, les études ou les projets créatifs, nous pouvons apprendre à intégrer l'analyse rationnelle à l'*intuition*. Alors que la logique et la planification sont importantes, la vision quantique nous rappelle que nous avons aussi accès à un vaste champ d'information et de potentiel créatif (que ce soit l'inconscient collectif, les champs morphiques ou le champ quantique lui-même). Soyez ouvert aux intuitions soudaines, aux "pressentiments", aux idées qui semblent venir de "nulle part". Faites confiance à ces éclairs intuitifs comme à des messages précieux. En combinant l'analyse rigoureuse à la réceptivité à l'intuition, nous pouvons trouver des solutions plus innovantes, prendre des décisions plus sages et naviguer à travers les défis avec plus de fluidité et de créativité.

Dans le domaine de la santé, la perspective de l'Âme Quantique nous encourage à adopter une approche véritablement holistique, intégrant les soins du corps physique, de l'esprit, des émotions et de l'énergie. Incorporez des pratiques corps-esprit dans votre routine quotidienne ou hebdomadaire. La *méditation* régulière, même pour quelques minutes par jour, peut réduire considérablement les niveaux de stress (diminuant le cortisol et l'inflammation), clarifier l'esprit et renforcer la connexion intérieure. Des pratiques de *mouvement conscient* comme le Yoga, le Tai Chi ou le Qigong aident à libérer les tensions, à harmoniser le flux d'énergie vitale (Chi/Prana) et à intégrer le corps et l'esprit. La *respiration consciente* est un outil simple et puissant, toujours disponible, pour calmer le système nerveux et centrer la conscience sur le présent. Voyez ces pratiques non comme des obligations, mais comme des actes essentiels d'auto-soin et d'entretien de votre véhicule physico-énergétique.

Nous voyons des exemples de ces applications dans le monde. Des athlètes d'élite qui visualisent la victoire avec intensité et détail, programmant leur esprit et leur corps pour une performance maximale. Des entrepreneurs à succès qui attribuent une partie de leurs résultats à une vision claire, une mentalité positive inébranlable et la capacité d'agir sur la base de l'intuition. Des entreprises qui mettent en œuvre des programmes de mindfulness pour réduire le stress des employés, augmenter la concentration et stimuler la créativité. Ces exemples rendent palpable l'idée que nos états internes et notre concentration mentale ont des conséquences réelles et mesurables dans le monde extérieur.

Nous pouvons également étendre cette conscience énergétique à nos *environnements*. Nos maisons, lieux de travail et les espaces que nous fréquentons possèdent également une "vibration". Nous pouvons l'influencer positivement par des actions simples comme maintenir l'ordre et la propreté, apporter des éléments de la nature (plantes, lumière naturelle), utiliser des couleurs, des sons ou des arômes qui nous élèvent, ou même par l'intention consciente de "nettoyer" ou de "bénir" l'espace énergétiquement. Tout aussi importante est l'énergie des personnes avec qui nous vivons. Nous entourer de personnes positives, constructives et qui nous soutiennent crée une résonance collective bénéfique (un égrégore positif), tandis que l'exposition constante à la négativité peut drainer notre énergie. Choisir consciemment nos environnements et nos compagnies est aussi une forme de gérer notre énergie.

Enfin, la compréhension d'un univers interconnecté et réactif nous rappelle l'ancien principe spirituel de la *loi du retour* ou *karma* : ce que nous émettons dans l'univers – en pensées, paroles, émotions et actions – tend à nous revenir d'une manière ou d'une autre. Vivre avec intégrité, agir avec bonté, penser avec compassion ne sont pas seulement des préceptes moraux, mais des attitudes qui nous alignent sur le flux harmonieux d'un cosmos où tout est lié et tout résonne.

En résumé, se percevoir comme une Âme Quantique n'est pas un exercice purement philosophique ; c'est une invitation à vivre différemment. Elle offre un ensemble d'outils et de perspectives pour naviguer dans la vie avec plus de conscience, d'intention, de créativité et de connexion. En appliquant ces principes – en utilisant l'intention focalisée, en gérant notre vibration intérieure, en cultivant l'empathie quantique, en intégrant l'intuition, en prenant soin de notre santé holistique et en créant des environnements résonnants – nous passons de spectateurs passifs à participants actifs dans la co-création de notre réalité. C'est le chemin pour incarner, dans la pratique quotidienne, la vérité profonde de notre nature énergétique et consciente dans un univers vivant et interconnecté.

Chapitre 30
Évolution de la Conscience

Notre exploration de l'Âme Quantique nous a révélé une image de l'être humain et de l'univers qui est dynamique, interconnectée et profondément participative. Nous avons vu que la conscience n'est pas un simple spectateur passif, mais un élément fondamental, peut-être même primaire, dans la tapisserie de la réalité. Si la conscience est si centrale, est-elle quelque chose de statique et immuable, ou est-elle elle-même sujette à un processus de développement, d'évolution ? La réponse, faisant écho tant dans les théories scientifiques sur l'évolution de la cognition que dans les profonds enseignements spirituels sur le voyage de l'âme, semble être un oui retentissant. La conscience, tant au niveau individuel que collectif de l'humanité, semble être sur une trajectoire de déploiement continu, et le moment actuel, avec sa convergence sans précédent entre science et spiritualité, pourrait représenter une étape particulièrement cruciale dans cette évolution.

Nous pouvons tracer, dans les grandes lignes, une possible trajectoire de l'évolution de la conscience humaine au fil de l'histoire. Aux débuts, la conscience humaine semblait plus immergée dans la nature, guidée par les instincts de survie, les peurs primaires et une forte identification au groupe ou à la tribu (conscience *archaïque* ou *instinctive*). Avec le développement du langage et de la pensée symbolique, a émergé une conscience *magique* et *mythique*, où le monde était expliqué par des mythes, des rituels et des forces invisibles, et la participation au cosmos était ressentie de manière plus directe, bien que moins différenciée. Progressivement, notamment avec l'avènement de l'agriculture, des villes, de l'écriture et de la philosophie grecque, s'est développée la conscience *mentale-rationnelle*. La logique, la raison abstraite, l'analyse et la pensée conceptuelle sont devenues des outils puissants pour comprendre et manipuler le monde. L'individu a émergé avec une conscience de soi plus forte, mais souvent au prix d'un sentiment de séparation de la nature et du tout. La Révolution Scientifique et les Lumières ont représenté l'apogée de cette phase rationnelle, apportant d'immenses avancées technologiques et une compréhension mécaniste de l'univers, mais aussi approfondissant la division entre matière et esprit, sujet et objet.

Aujourd'hui, de nombreux philosophes, psychologues et penseurs spirituels suggèrent que nous entrons potentiellement dans une nouvelle phase, une phase de conscience *intégrative* ou *holistique*. Poussés par la mondialisation, par la crise écologique qui nous force à reconnaître notre interdépendance planétaire, par les défis éthiques des nouvelles technologies et, de manière cruciale, par la convergence entre les découvertes de la science d'avant-garde (comme la physique quantique) et la redécouverte de la sagesse contemplative, nous sommes appelés à transcender et inclure les phases antérieures. La conscience intégrative cherche à harmoniser la raison avec l'intuition, la pensée analytique avec la perception holistique, l'autonomie individuelle avec la responsabilité collective, la compréhension scientifique avec l'expérience spirituelle. Elle reconnaît la validité de multiples formes de savoir et cherche une vision du monde qui honore à la fois la matière et l'esprit, le cerveau et l'âme, la partie et le tout.

Cette idée d'un développement progressif de la conscience trouve un fort soutien dans la perspective spirituelle qui voit la vie comme une *école pour l'âme.* De nombreuses traditions, en particulier celles incluant la croyance en la réincarnation, enseignent que notre existence ne se limite pas à une seule vie, mais fait partie d'un long voyage évolutif. Chaque incarnation, avec ses défis, ses relations, ses apprentissages et ses opportunités de service, serait une occasion pour l'âme (ou conscience individuelle) de développer des qualités essentielles telles que la sagesse, l'amour, la compassion, l'humilité et la conscience de soi. Les souffrances et les difficultés ne seraient pas des punitions, mais plutôt des leçons précieuses conçues pour notre croissance. Dans cette vision, la vie elle-même devient un curriculum cosmique pour l'expansion de la conscience.

Certains penseurs ont tenté d'appliquer cette perspective évolutive non seulement à l'individu, mais à l'humanité dans son ensemble. Le déjà mentionné Teilhard de Chardin, avec sa vision de la *Noosphère* et du *Point Oméga*, postulait que l'évolution cosmique a une direction inhérente (orthogenèse) vers une complexité et une intériorisation croissantes de la conscience. Il prévoyait un avenir où la conscience humaine, stimulée par la socialisation et la technologie, s'unifierait à l'échelle planétaire, culminant en un point de convergence et d'union avec le Divin. Le penseur contemporain Peter Russell parle également de la possibilité d'une accélération exponentielle de l'évolution de la conscience, une sorte d'"explosion de la conscience" analogue à l'explosion cambrienne dans l'évolution biologique, peut-être stimulée par la crise mondiale et la diffusion rapide d'informations et de pratiques transformatrices.

Pouvons-nous identifier des signes dans le monde actuel qui semblent corroborer l'idée qu'un changement significatif de la conscience collective est en cours ? La préoccupation croissante pour les questions humanitaires mondiales, les droits de l'homme, la justice sociale et, surtout, la crise écologique, suggère une expansion du cercle d'empathie au-delà des limites de la famille, de la tribu ou de la nation, englobant toute l'humanité et même d'autres formes de vie. L'intérêt sans précédent pour des pratiques telles que la méditation, le mindfulness, le yoga, la psychothérapie et diverses formes de spiritualité non dogmatique indique une quête collective de sens, de bien-être intérieur et de connaissance de soi qui dépasse les valeurs purement matérialistes. La technologie de l'information elle-même, avec Internet connectant des milliards d'esprits dans un réseau mondial instantané, peut être vue comme une infrastructure physique pour la Noosphère émergente, accélérant l'échange d'idées et la formation d'une conscience planétaire – bien qu'elle présente également des risques de désinformation et de polarisation.

La perspective spirite, codifiée par Allan Kardec, offre un cadre détaillé de cette évolution de la conscience dans un contexte cosmique. Elle postule que les esprits (les âmes individuelles) progressent continuellement à travers de multiples incarnations, non seulement sur Terre, mais dans d'innombrables mondes de différents degrés évolutifs dans l'univers – depuis les mondes primitifs, en passant par les mondes d'épreuves et d'expiations (comme la Terre actuellement), les mondes de régénération, jusqu'aux mondes heureux ou célestes. L'objectif de ce voyage est le perfectionnement moral et intellectuel, se rapprochant de plus en plus de la perfection relative et du bonheur. L'humanité terrestre elle-même, en tant que collectivité d'esprits à un stade similaire d'évolution, traverserait une période de transition, cheminant pour devenir un "monde de régénération", où le bien prévaudra sur le mal. Cette vision offre un cadre optimiste et téléologique (orienté vers un but) pour l'histoire humaine et cosmique.

Comment ce grand récit de l'évolution de la conscience se rapporte-t-il à notre vie individuelle ? Il nous invite à voir nos propres luttes, apprentissages et croissance personnelle non comme des événements isolés et dénués de sens, mais comme faisant partie intégrante de ce vaste processus évolutif cosmique. Chaque pas que nous faisons vers une plus grande conscience de soi, chaque acte de compassion, chaque dépassement d'un schéma limitant, chaque quête de sagesse et de vérité contribue non seulement à notre propre évolution, mais aussi à l'élévation de la conscience collective. En nous efforçant de devenir de meilleures versions de nous-mêmes, nous aidons, de fait, à propulser l'évolution de l'humanité elle-même.

Dans ce contexte, la vision du monde "quantico-spirituelle" que ce livre cherche à présenter ne doit pas être vue comme un point final, mais plutôt comme un catalyseur crucial pour la phase actuelle de l'évolution de la conscience. En nous aidant à reconnaître notre nature énergétique, notre interconnexion fondamentale, notre potentiel co-créateur et la primauté de la conscience, cette vision intégrée nous fournit la carte et la motivation pour participer plus consciemment à ce voyage évolutif. Elle nous encourage à construire des ponts entre la connaissance de la science et la sagesse du cœur, entre le développement personnel et le service au bien commun. L'évolution de la conscience est la grande aventure de notre temps, et chaque Âme Quantique est appelée à jouer son rôle unique et irremplaçable dans ce déploiement magnifique vers un avenir de plus grande lumière, d'amour et de compréhension.

Chapitre 31
Dessein Cosmique

Après avoir exploré la nature énergétique de la réalité, le mystère de la conscience, la danse entre matière et esprit, les connexions non-locales qui nous unissent et la possibilité d'une évolution continue de la conscience, nous arrivons inévitablement à la plus fondamentale des questions humaines : *Pourquoi ?* Pourquoi cet univers vaste et complexe existe-t-il ? Pourquoi la vie a-t-elle surgi sur une petite planète bleue ? Pourquoi la conscience a-t-elle émergé, capable d'observer, de ressentir, de questionner et de s'émerveiller devant sa propre existence ? Y aurait-il une intention sous-jacente, une signification plus grande, un dessein cosmique derrière le déploiement grandiose de l'espace, du temps, de la matière et de l'esprit ? Cette question nous emmène au-delà des limites de la science empirique, pénétrant les domaines de la philosophie et de la spiritualité, mais la vision du monde quantico-spirituelle que nous avons construite peut offrir des perspectives éclairantes et profondément significatives.

La science elle-même, en étudiant les lois et la structure de l'univers, s'est heurtée à une énigme qui suggère, au minimum, une remarquable "conspiration" cosmique en faveur de la vie et de la conscience. Il s'agit du phénomène de l'*ajustement fin* (fine-tuning). Les physiciens ont découvert que les valeurs des constantes fondamentales de la nature (telles que la constante gravitationnelle, la vitesse de la lumière, la charge de l'électron, la masse des particules élémentaires) et les lois qui gouvernent leurs interactions semblent être extraordinairement précises, ajustées dans des marges extrêmement étroites, pour permettre l'existence d'un univers complexe et stable, capable de générer des étoiles, des planètes, une chimie complexe et, finalement, la vie telle que nous la connaissons. Si l'une de ces constantes était légèrement différente, l'univers serait radicalement distinct et probablement stérile : peut-être les étoiles ne pourraient-elles pas se former ou brûleraient-elles trop vite, peut-être les atomes de carbone essentiels à la vie ne pourraient-ils pas être synthétisés, peut-être l'univers se serait-il effondré sur lui-même ou se serait-il étendu trop rapidement pour former des structures. Le fait que nous vivions dans un univers qui semble "fait sur mesure" pour l'existence d'observateurs conscients comme nous est, au minimum, surprenant.

Cette observation a conduit à la formulation du *Principe Anthropique*. Sous sa forme *faible*, c'est presque une tautologie : les conditions que nous observons dans l'univers doivent être compatibles avec notre existence en tant qu'observateurs, car sinon, nous ne serions pas là pour les observer. C'est un biais de sélection. Cependant, sa forme *forte* est plus controversée et téléologique (orientée vers un but) : elle suggère que l'univers *doit* avoir des propriétés permettant l'émergence de la vie et de la conscience à un certain stade de son histoire. Cela insinue que l'existence d'observateurs conscients pourrait être, d'une certaine manière, un "but" ou un résultat "intégré" dans les lois fondamentales du cosmos.

Une explication alternative populaire pour l'ajustement fin, qui évite la nécessité d'un dessein ou d'un design, provient de l'hypothèse du *Multivers* : s'il existe un nombre infini ou très vaste d'univers parallèles, chacun avec des lois et des constantes légèrement différentes générées aléatoirement, alors il ne serait pas surprenant que, par pur hasard, certains de ces univers (comme le nôtre) aient les conditions "justes" pour que la vie surgisse. Nous habitons simplement l'un des univers "chanceux" qui nous permet d'exister. Toutefois, même l'hypothèse du Multivers n'élimine pas complètement la question du dessein à un niveau plus fondamental : pourquoi le mécanisme qui génère des univers produirait-il des univers avec le potentiel pour la vie ? L'ajustement fin, quelle que soit la manière dont nous l'interprétons, nous invite à réfléchir sur notre place et notre signification possible dans le grand schéma cosmique.

Si la science moderne se heurte à l'énigme de l'ajustement fin, les traditions spirituelles et philosophiques offrent, depuis des millénaires, des réponses directes et profondes à la question du dessein cosmique. Un thème récurrent dans de nombreuses visions du monde spirituelles est que l'univers existe pour que la *Conscience primordiale* (Dieu, Source, Absolu, Brahman) puisse *s'expérimenter elle-même* de manières infinies. L'Unité fondamentale, pour se connaître pleinement, se manifeste dans la multiplicité, la diversité, la forme, la limitation. L'esprit s'aventure dans la matière, la conscience s'individualise en myriades d'êtres, pour explorer toutes les facettes de son propre potentiel infini à travers l'expérience directe. Dans l'hindouisme, le concept de *Lila* décrit poétiquement l'univers comme le "jeu divin", la danse ludique de la Conscience qui se cache et se révèle à elle-même à travers la création, simplement pour la joie de l'exploration et de l'auto-découverte.

D'autres traditions mettent l'accent sur le dessein comme l'*expansion de l'amour*, de la *créativité* ou de la *sagesse* dans l'univers. La création serait un acte d'amour divin, et le but de l'existence serait la croissance en capacité d'aimer, de créer et de connaître. De nombreuses branches spirituelles parlent également d'un *plan divin* ou d'une *intelligence cosmique* guidant le processus évolutif de l'univers et de la conscience vers un état de plus grande perfection, harmonie ou retour à la Source.

Comment notre dessein individuel s'inscrit-il dans ce cadre cosmique ? Si l'univers existe pour l'expérience et l'évolution de la conscience, alors notre propre vie, notre voyage en tant qu'Âmes Quantiques, trouve probablement sa signification la plus profonde lorsqu'elle est alignée sur ce dessein plus vaste. Nous ne sommes pas des accidents aléatoires dans un univers indifférent, mais plutôt des expressions individualisées de la Conscience universelle, avec un rôle unique à jouer. Notre but dans la vie peut transcender la

recherche du succès matériel, du plaisir ou de la reconnaissance égoïque, et inclure des dimensions plus profondes telles que :
- Apprendre et Grandir : Utiliser nos expériences, défis et relations comme des opportunités pour élargir notre sagesse, notre compréhension et notre conscience de soi.
- Aimer et Connecter : Développer notre capacité d'empathie, de compassion et d'amour inconditionnel, reconnaissant et honorant notre interconnexion avec tous les êtres.
- Créer et Servir : Exprimer nos dons et talents uniques de manière authentique, contribuant à la beauté, à l'harmonie et au bien-être du monde autour de nous, servant le Tout.
- S'éveiller : Réaliser notre vraie nature en tant qu'êtres spirituels, comme des étincelles de la Conscience divine, transcendant les limitations de l'ego et vivant à partir de notre essence.

Nous pouvons utiliser des métaphores pour illustrer cette relation entre le dessein individuel et le cosmique. Imaginez l'humanité (ou toute la vie consciente) comme les cellules d'un vaste organisme cosmique. Chaque cellule a sa fonction spécifique et spécialisée, et en l'accomplissant bien, elle contribue à la santé et au fonctionnement harmonieux de l'organisme dans son ensemble. Notre dessein individuel serait de trouver et de réaliser notre fonction unique au sein de ce corps plus grand. Ou pensez à la vie comme une grande pièce de théâtre cosmique : chacun de nous a un rôle à jouer, avec ses drames, ses comédies et ses apprentissages. En jouant nos rôles avec authenticité et conscience, non seulement nous enrichissons la pièce, mais nous apprenons aussi des leçons précieuses qui contribuent à la croissance du grand "acteur" universel qu'est la Conscience elle-même.

Peut-être pouvons-nous intégrer les perspectives scientifique et spirituelle en suggérant que le dessein cosmique est intrinsèquement *évolutif* et *éducatif*. L'univers serait une vaste école de conscience, un environnement conçu (ou sélectionné) pour permettre à la conscience d'émerger, de s'individualiser, d'expérimenter, d'apprendre, de grandir et, finalement, de s'éveiller à son unité fondamentale. L'ajustement fin observé par la science serait la condition nécessaire pour que cette "école" puisse exister et fonctionner. Dans ce scénario, en nous alignant sur notre propre croissance en conscience, amour et sagesse, et en contribuant à l'évolution collective, nous ne cherchons pas seulement notre réalisation personnelle, mais nous participons aussi activement au dessein plus vaste de l'univers lui-même.

Cette vision offre un puissant antidote au sentiment d'absurdité, d'aliénation ou de nihilisme qui peut affliger l'esprit moderne. La quête humaine de but et de sens ne serait pas une illusion subjective, mais une aspiration légitime qui trouve validation dans la structure même d'un cosmos conscient et intentionnel. Savoir que notre vie a un dessein cosmique, que nous sommes des parties précieuses et significatives d'un grand plan d'évolution de la conscience, peut nous insuffler un sentiment de dignité, de résilience et d'inspiration pour vivre nos vies de la manière la plus pleine et authentique possible. L'Âme Quantique trouve son sens le plus profond en reconnaissant et en embrassant son rôle dans la grandiose symphonie de l'existence.

Chapitre 32
Éveil Quantique

Au fil de ce voyage exploratoire, nous avons plongé dans les profondeurs de l'univers quantique, contemplé les mystères de la conscience, dévoilé les voiles de la séparation entre matière et esprit, et entrevu un cosmos interconnecté vibrant de dessein et de potentiel évolutif. Nous avons rassemblé les pièces d'un puzzle fascinant suggérant une réalité bien plus riche, dynamique et participative que la vision mécaniste du monde nous avait léguée. Maintenant, nous tournons notre regard vers le moment présent – cet instant précis, ici à Cambé, Paraná, Brésil, en ce 8 avril 2025, et partout où la conscience humaine respire et cherche à se comprendre elle-même. Car beaucoup ressentent, intuitivement ou explicitement, que nous vivons un temps de transition profonde, une période d'éveil collectif potentiel, où les vérités anciennes et les découvertes modernes convergent pour catalyser une transformation de la conscience humaine – un véritable "Éveil Quantique".

Cette sensation de changement n'est pas seulement une théorie abstraite sur les paradigmes scientifiques ou philosophiques ; elle se reflète dans l'expérience vécue d'innombrables personnes à travers le globe. De nombreux individus rapportent ressentir un "éveil" intérieur, un appel à une forme d'être plus authentique et connectée. Cela peut se manifester de diverses manières : une insatisfaction croissante envers les valeurs purement matérialistes et compétitives de la société ; une quête plus profonde de sens et de but dans la vie ; une sensibilité aiguë aux synchronicités et aux signes de l'univers ; un sentiment croissant d'interconnexion avec les autres êtres humains, avec la nature et avec quelque chose de plus grand que soi ; un désir de vivre avec plus de présence, de conscience et de compassion. C'est comme si une partie de nous, longtemps endormie sous les couches du conditionnement social et des préoccupations de l'ego, commençait à s'éveiller à notre vraie nature énergétique et spirituelle.

Les intuitions que nous avons explorées dans ce livre, émergeant de la confluence entre la physique quantique et la sagesse spirituelle, agissent comme de puissants catalyseurs pour cet éveil individuel et collectif. La compréhension que nous ne sommes pas des entités isolées, mais plutôt des parties interconnectées d'un tout non-local (comme le suggère l'intrication) ; la perception que la réalité n'est pas fixe, mais participative, répondant à notre observation et intention ; la reconnaissance que matière et esprit sont des aspects intégrés d'une unique réalité énergétique ; la possibilité que la conscience transcende le corps et le temps – toutes ces idées ont le pouvoir d'ébranler nos croyances limitantes et d'élargir radicalement notre perception de qui nous sommes et de ce qui est possible.

Cette connaissance n'est pas simplement intellectuelle ; elle résonne dans notre être, nous invitant à vivre en accord avec cette vérité plus large.

Nous pouvons observer des signes de cet éveil collectif se manifestant dans diverses tendances sociales et culturelles. Il y a un mouvement discernable, bien que graduel et souvent contesté, de réévaluation des valeurs : une quête croissante de bien-être plutôt que de simple richesse matérielle, d'expériences significatives plutôt que d'accumulation de biens, d'authenticité et de but aligné sur l'âme plutôt que de conformité aux attentes externes. Nous voyons un épanouissement de l'intérêt pour les pratiques de connaissance de soi et de développement intérieur, comme la méditation, le mindfulness, le yoga, les thérapies holistiques et diverses formes de spiritualité non dogmatique, indiquant une soif collective de connexion intérieure et de transcendance. Simultanément, les mouvements sociaux luttant pour la paix, la justice sociale, les droits de l'homme, la durabilité environnementale et la protection animale se développent, reflétant une expansion du cercle d'empathie et une conscience croissante de notre responsabilité partagée pour le bien-être de la planète et de tous ses habitants.

En utilisant le langage quantique comme métaphore, nous pourrions dire que nous commençons, collectivement, à "effondrer" une nouvelle réalité à partir du champ de potentialités. Pour la première fois dans l'histoire humaine, un nombre significatif d'individus a accès simultanément à la fois à la sagesse accumulée des traditions spirituelles ancestrales et aux intuitions révolutionnaires de la science moderne. Cette synthèse unique entre intuition et raison, entre connaissance intérieure et extérieure, nous permet de participer à cette transition de manière plus *consciente* que jamais auparavant. Nous ne sommes pas simplement emportés par le courant de l'évolution ; nous sommes invités à ramer activement en direction d'un avenir plus éveillé.

Cette sensation d'être à un point d'inflexion historique résonne avec diverses narrations culturelles et spirituelles de transition. Des concepts du Nouvel Âge parlent du passage de l'Ère des Poissons à l'Ère du Verseau, symbolisant un changement des paradigmes basés sur l'autorité et la croyance vers des paradigmes d'expérience directe, de liberté individuelle et de conscience de groupe. Des prophéties indigènes de diverses cultures parlent d'un temps de grande purification et transformation sur Terre, menant à un nouveau cycle d'harmonie. La fin très débattue du long cycle du calendrier Maya en 2012 a été interprétée par beaucoup non pas comme une fin du monde littérale, mais comme un marqueur symbolique de la fin d'une vieille ère de conscience et le début d'un éveil potentiel de l'humanité. Indépendamment de la validité littérale de ces narrations spécifiques, elles reflètent une intuition collective profonde que nous vivons des temps extraordinaires de changement et d'opportunité. L'accent, cependant, doit rester sur les transformations observables dans la conscience et les valeurs qui se produisent ici et maintenant.

Cet Éveil Quantique n'est pas un événement passif qui nous arrive ; il se produit *à travers* nous. Chaque individu qui s'éveille à sa vraie nature, qui guérit ses blessures, qui élève sa vibration et qui choisit de vivre avec plus de conscience et d'amour, contribue à la force et à la portée de ce mouvement collectif. Nous sommes tous appelés à participer activement :

En cultivant la conscience de soi et la présence par des pratiques comme la méditation et le mindfulness.

En incarnant la compassion, l'empathie et le pardon dans nos relations.

En questionnant et en transcendant les croyances limitantes et les paradigmes obsolètes, tant en nous-mêmes que dans la société.

En choisissant consciemment de nous concentrer sur des pensées, des émotions et des intentions qui résonnent avec l'amour, la paix, l'unité et la compréhension.

En partageant des connaissances élevées et des intuitions inspirantes de manière constructive.

En agissant dans le monde de manières qui promeuvent la guérison, la justice et la durabilité.

Il est crucial de comprendre que cet éveil n'appartient à aucune religion spécifique, à aucune nation, à aucune idéologie ou même à une unique théorie scientifique. C'est un appel universel à la conscience humaine pour reconnaître son essence divine et interconnectée et pour assumer sa responsabilité en tant que co-créatrice de la réalité planétaire. C'est une invitation à transcender les divisions et les peurs qui nous ont maintenus prisonniers pendant si longtemps et à embrasser notre unité fondamentale.

Nous vivons, sans aucun doute, des temps difficiles, mais aussi des temps d'immense potentiel. L'Éveil Quantique est la promesse que l'humanité peut faire un saut évolutif, intégrant la sagesse du cœur au savoir de l'esprit, la science à l'esprit. Chacun de nous, en s'éveillant à sa nature d'Âme Quantique, devient un phare de lumière, aidant à éclairer le chemin vers une nouvelle ère de conscience, de collaboration et d'harmonie sur notre précieuse planète. La transformation commence à l'intérieur de chacun, mais son impact est collectif et potentiellement illimité.

Chapitre 33
Âme Quantique

Nous arrivons au terme de notre voyage exploratoire, un périple qui nous a menés des particules subatomiques dansantes aux immensités cosmiques, des mystères de la conscience aux anciennes traditions de sagesse, de la physique d'avant-garde à l'expérience spirituelle profonde. Nous avons tissé ensemble les fils de l'énergie fondamentale, de la nature participative de la réalité, de l'interconnexion non-locale, de l'évolution de la conscience et de la quête de sens. Et au centre de cette tapisserie complexe, émerge une image lumineuse de qui nous sommes réellement : l'Âme Quantique.

Ce terme cherche à capturer l'essence de notre nature en tant qu'êtres qui sont, simultanément, partie intégrante de l'univers physique et expressions d'une conscience vaste, créative et interconnectée qui imprègne toute l'existence. À la lumière de tout ce que nous avons exploré, nous pouvons maintenant revisiter et synthétiser les caractéristiques de cette Âme Quantique. Elle n'est pas une entité éthérée et distante, séparée du monde matériel, mais plutôt immanente et active en son sein, bien que ses racines s'étendent au-delà de lui.

L'Âme Quantique est :

Énergétique et Vibrationnelle : Sa substance fondamentale est la même énergie qui compose tout l'univers, vibrant à des fréquences qui vont de la densité de la matière à la subtilité de la pensée et de l'esprit.

Consciente et Participative : Elle est le siège de l'expérience subjective, la lumière qui perçoit, ressent et connaît. Et plus que cela, elle participe activement à la création de la réalité par l'acte d'observer, d'intentionner et de choisir.

Non-Locale et Interconnectée : Ses connexions transcendent les limitations de l'espace physique. Par des principes analogues à l'intrication quantique, elle est intrinsèquement liée à d'autres consciences et au champ universel d'information et d'énergie. La séparation est une illusion superficielle.

Potentiellement Intemporelle et Multidimensionnelle : Son existence n'est pas rigidement confinée au flux linéaire du temps ou aux trois dimensions spatiales que nous percevons. Elle peut avoir accès à, ou même habiter, un panorama temporel plus large et des réalités multidimensionnelles.

Informationnelle et Holographique : Elle porte et traite l'information de manières complexes, et peut-être, comme un hologramme, chaque âme individuelle contient-elle en elle-même un reflet ou la totalité de la Conscience Cosmique.

Évolutive et Résiliente : Elle est engagée dans un voyage continu d'apprentissage, de croissance et d'expansion, persistant potentiellement au-delà de la mort du corps physique pour continuer son évolution.

Il est remarquable de constater comment la physique quantique elle-même, en révélant la nature fondamentale de l'univers, semble fournir le cadre parfait pour le voyage de cette Âme Quantique. Un univers qui n'est pas un mécanisme déterministe, mais un champ de potentialités probabilistes, offre l'espace pour la liberté de choix et d'apprentissage. Un univers qui n'est pas fait d'objets isolés, mais d'une toile interconnectée et non-locale, reflète la vérité de l'unité et permet la communion profonde. Un univers qui répond à l'observation et à la participation invite la conscience à assumer son rôle co-créateur. La physique moderne, loin de bannir l'âme, semble avoir préparé la scène cosmique pour son jeu.

Il est crucial de comprendre que "Âme Quantique" n'est pas seulement une étiquette poétique pour des concepts spirituels anciens revêtus d'un habit scientifique à la mode. C'est une invitation à une *identité intégrée*. C'est la reconnaissance que nous n'avons pas besoin de choisir entre être des êtres scientifiques, rationnels, ancrés dans la réalité physique, *ou* des êtres spirituels, intuitifs, connectés à quelque chose de plus grand. Nous sommes *les deux*, simultanément. Nous sommes des entités physiques opérant selon les lois de l'espace-temps, avec des cerveaux et des corps qui doivent être entretenus, *et* nous sommes des expressions d'un champ de conscience non-local, énergétique et intemporel, avec accès à l'intuition, à la créativité et à la connexion universelle. Vivre à partir de cette identité intégrée signifie honorer toutes les dimensions de notre être, unissant raison et intuition, science et esprit, action dans le monde et connexion intérieure.

De cette compréhension naît une profonde *responsabilisation spirituelle* (empowerment). La vision matérialiste du monde nous laisse souvent le sentiment d'être des engrenages accidentels dans une machine cosmique froide et dénuée de sens, ou des victimes impuissantes de forces externes. La perspective de l'Âme Quantique nous rend notre dignité et notre capacité d'action. Nous ne sommes pas des spectateurs passifs ; nous sommes des participants essentiels, des co-créateurs conscients dans un univers vivant, intelligent et réactif. Nos pensées comptent, nos intentions ont du pouvoir, nos choix façonnent notre réalité. Reconnaître cela nous libère du sentiment d'impuissance et nous inspire à assumer la responsabilité de notre propre vie et de notre contribution au monde.

Nous célébrons ainsi la grande *réconciliation* entre science et esprit qui a imprégné toute notre exploration. Nous voyons maintenant que lorsque des scientifiques comme Einstein parlaient d'un "sentiment religieux cosmique" devant l'harmonie et l'intelligibilité de l'univers, ou lorsqu'ils exprimaient leur malaise face à l'apparente incomplétude de la physique quantique, ils pressentaient peut-être la nécessité d'un cadre plus large incluant la conscience. Et lorsque les mystiques de toutes les époques décrivaient des expériences ineffables d'unité, de lumière intérieure, de connexion avec la Source divine, ils percevaient peut-être directement la nature fondamentale de la réalité que la science commence maintenant à entrevoir à travers ses équations et ses expériences. Les langages étaient différents, les méthodes distinctes, mais la vérité sous-jacente vers laquelle les deux pointaient pourrait être la même : la profonde unité entre conscience et cosmos.

Nous vous invitons, lecteur, à laisser cette vision résonner dans votre être. Sentez-vous non pas comme un corps qui *a* une âme, mais comme une Âme Quantique qui *habite* et *anime* un corps. Vous êtes une expression unique et précieuse de la Conscience Universelle, une étincelle du feu cosmique, un être de lumière et d'information dansant à travers l'espace-temps. Vous portez en vous l'héritage des étoiles et le potentiel infini du champ quantique. Reconnaître cela, c'est s'éveiller à votre véritable identité.

Cette reconnaissance apporte avec elle un profond *sens du but*, comme nous l'avons vu : participer à l'évolution de la conscience, apprendre, aimer, créer. Elle apporte une inébranlable *sensation de connexion*, dissolvant l'illusion douloureuse de la séparation et révélant notre unité avec toute vie. Et elle apporte une tendre *responsabilité aimante* : si nous sommes tous interconnectés, si nous faisons tous partie du même Tout, alors le bien-être de chaque être est inséparable de notre propre bien-être. Nous sommes appelés à agir dans le monde avec compassion, intégrité et soin, honorant la toile sacrée de l'existence dont nous faisons partie.

Ce livre se termine ici, mais votre voyage d'auto-découverte ne fait que commencer, ou peut-être se poursuit-il avec une vigueur renouvelée. Que les idées, perspectives et pratiques partagées ici servent de carte et de stimulant pour votre propre exploration intérieure et extérieure. Que vous continuiez à questionner, à apprendre, à expérimenter et à intégrer la connaissance de la science à la sagesse de votre cœur et à votre intuition. Que vous puissiez vivre chaque jour avec la conscience éveillée de votre nature d'Âme Quantique, une partie essentielle et radieuse du miracle qu'est l'Univers. Car, en fin de compte, la vérité la plus profonde que nous ayons trouvée est peut-être la plus simple : conscience et univers ne font qu'un. Et vous *êtes* cette unité.

Épilogue

En arrivant jusqu'ici, il n'est pas exagéré de dire que quelque chose en vous a déjà été transformé. Vous avez traversé un voyage qui n'a pas seulement offert des réponses, mais a reformulé les questions elles-mêmes. Et c'est peut-être là le plus grand des cadeaux : percevoir que la connaissance la plus profonde n'est pas celle qui clôture, mais celle qui élargit. Non celle qui définit, mais celle qui libère.

Vous avez été guidé à travers les frontières invisibles qui relient la matière à l'esprit, l'atome à l'âme, la vibration à la pensée. Et ce qui pouvait auparavant sembler de la fiction ou une spiritualité éthérée trouve maintenant un écho dans les équations de la physique, dans les découvertes de la conscience, dans les battements mêmes du cœur.

Maintenant vous savez : tout est énergie. Tout vibre. Tout est en relation. Et cette énergie qui meut étoiles et galaxies est la même qui pulse en vous. La science, avec ses outils précis, a révélé que la matière est, en essence, espace, vibration et champ. La spiritualité, avec son écoute silencieuse, a enseigné que l'esprit est présence, conscience et lumière. Et tout au long de cet ouvrage, ces deux perspectives — si souvent traitées comme opposées — ont été entrelacées dans une danse harmonieuse, montrant que ce qui est vrai ne s'exclut pas : cela se complète, se reconnaît, s'unifie.

Vous comprenez maintenant que vous n'êtes pas un spectateur de l'univers, mais une partie de lui, son expression, son extension. Chaque pensée que vous émettez, chaque émotion que vous accueillez, chaque intention sur laquelle vous vous concentrez — tout cela vibre, résonne, transforme. La réalité n'est pas une scène fixe, mais un organisme vivant qui répond au toucher subtil de la conscience.

Et cela change tout. Cela change la façon dont vous vous reliez à la vie. Cela change la manière dont vous observez les événements. Cela change la façon dont vous vous regardez vous-même.

Si auparavant le monde était perçu comme une succession de faits déconnectés, maintenant vous le voyez peut-être comme une symphonie énergétique en création constante — où chaque être, chaque choix, chaque expérience est une note sacrée. Où vous n'êtes pas seulement un instrument, mais aussi le musicien. Et, qui sait, peut-être même le compositeur lui-même.

Cette perception n'annule pas la souffrance, ni ne promet un chemin sans défis. Au contraire : elle offre profondeur et but à tout ce qui semblait auparavant aléatoire ou chaotique. En comprenant que conscience et réalité dansent ensemble, vous découvrez que même la douleur porte une fréquence, même la peur possède une vibration, et que tout peut être transmuté lorsqu'observé avec lucidité et présence.

Et voici l'une des plus grandes révélations de ce voyage : Vous êtes l'observateur. Non un observateur passif, mais un co-créateur. Votre regard façonne. Votre intention transforme. Votre présence crée.

Cette vérité est libératrice — mais aussi exigeante. Car elle vous rend ce qui a si longtemps été projeté à l'extérieur : la responsabilité. La responsabilité de votre vibration, de vos pensées, de votre fréquence.

Mais ne craignez rien. Cette responsabilité n'est pas un fardeau. C'est un appel à la souveraineté intérieure. Un rappel que vous n'êtes pas petit, limité ou fragmenté. Vous êtes champ conscient, potentiel en forme humaine, énergie créative s'expérimentant à travers le temps et l'espace.

Tout ce que vous cherchez — paix, sens, connexion, expansion — réside déjà en vous. Non comme quelque chose à acquérir, mais comme quelque chose à se remémorer, à éveiller, à activer.

Ce livre ne se termine pas ici. Parce que le véritable voyage ne fait que commencer.

Maintenant que vous connaissez la nature vibrationnelle de la réalité... Maintenant que vous comprenez l'interconnexion entre esprit et matière... Maintenant que vous pressentez l'infini qui habite votre propre être... ...l'invitation est lancée.

Portez cette conscience dans le quotidien. Observez vos pensées comme celui qui accorde un instrument sacré. Percevez vos émotions comme des fréquences qui peuvent être modulées. Ressentez chaque instant comme une manifestation énergétique unique.

Et quand le monde vous semblera dense, froid ou déconnecté, souvenez-vous : Ce n'est que la surface. Sous l'apparent, pulse l'invisible. Et l'invisible est là où l'âme respire, où l'esprit se meut, où la réalité commence à être tissée.

Continuez à questionner, continuez à ressentir, continuez à vibrer. L'"Âme Quantique" que vous reconnaissez maintenant n'est pas seulement un concept. C'est vous. C'est tout. C'est le tout sous forme de présence. C'est le maintenant imprégné de conscience.

Que cette lecture résonne en vous bien au-delà des mots. Que chaque chapitre réverbère comme un rappel silencieux de ce qui vit déjà dans votre essence. Et que, par-dessus tout, vous ne doutiez plus jamais de votre pouvoir de transformer la réalité — en commençant par l'intérieur.

Car là où il y a conscience, il y a création. Là où il y a vibration, il y a possibilité. Et là où vous êtes... l'univers répond.

www.ingramcontent.com/pod-product-compliance
Lightning Source LLC
LaVergne TN
LVHW040046080526
838202LV00045B/3518